생각의 파편

생각의 틈에서 마음을 쓰다

생각의 파편

생각의 틈에서 마음을 쓰다

정상연 칼럼집

평민사

차례

• 들어가면서 ······ 9

제1부
2022년-글을 담다

1. 전당, 자세히 보고 오래 보고 싶은 ·············· 15
2. 또, 축제는 시작되었다 ·························· 20
3. 광주의 새로운 랜드마크(Landmark)를 꿈꾸다 ·········· 25
4. 광주에도 이런 축제 하나 있으면 참 좋겠다 ·········· 29
5. 음악, 생의 최고의 선물 ························ 34
6. 우리 가곡(歌曲), 바람 타고 마음에 머물다 ·········· 38
7. 트로트 음악의 노블레스 오블리주 ················ 42
8. 나에게 전하는 특별한 크리스마스 선물 ············ 46

제2부
2023년-시간을 담다

1. 광주가 빛나는 신년 음악회 ····················· 53
2. 새해의 소망을 노래하다 ························· 58
3. 우리는 모두 최고의 예술가다 ··················· 62
4. 봄을 노래하는 베토벤 ··························· 66
5. 브라비! 시민오케스트라 – 광주 ·················· 70

6. 노래를 부르자, 광주 시민의 노래를! ……… 74
7. 팝콘처럼 맛있는 광주예술의전당 ……… 78
8. 무(無)에서 유(有)를 창출하는 호기심의 비밀 ……… 82
9. 이제 오페라(Opera)를 광주에 담다 ……… 86
10. 음악이 흐르는 문화도시 광주 ……… 91
11. 재생하는 문화도시 예술로 춤추다 ……… 95
12. 나만의 스타일, 새로운 나 ……… 99
13. 가을에는 노래하게 하소서 ……… 103
14. 클래식 음악은 절대 아름답지 않다 ……… 107
15. 요란하지 않게 차근차근 ……… 111

제3부
2024년 - 마음을 담다

1. 성공(成功), 그 빛나는 성장통에 함께 하는 것들 ……… 117
2. 사이렌(Siren)이 또 울린다 ……… 121
3. 키오스크(kiosk)의 두 얼굴 ……… 125
4. 예술은 예술이다 ……… 129
5. 희망의 5·18, 세계 속에 빛나다 ……… 133
6. 가장 아름다운 시절 ……… 137
7. 슬기로운 취미생활 ……… 141
8. 이기는 것이 아니라 잘 싸우는 것 ……… 145
9. 다시 또 걷고 싶은 길 ……… 149
10. 길 위에 폴리(Folly)가 있다 ……… 154
11. 또 하나의 노벨상을 바라며 ……… 159
12. 김장, K 문화의 중심에 서다 ……… 163

제4부
2025년 - 내일을 담다

1. 2025년, 소망을 희망으로 꽃피우자 ········· 169
2. 모든 것이, 너 때문이다 ········· 173
3. '3'이라는 숫자의 의미 ········· 177
4. 코끼리 아저씨의 새로운 시대 ········· 181
5. 그때, 보잘것없었지만 아름다운 ········· 185
6. 작은 실천이 만들어 내는 기적 ········· 189
7. 세계가 주목하는 K-클래식 음악 ········· 194
8. 사람 냄새나는 우리 공동체 ········· 198
9. 디자인 비엔날레, 광주 ········· 202

2025년, 소망을 희망으로 꽃피우자

전일광장

정상연
전남과학대 겸임교수
문화학박사

참으로 참담하고 안타까운 시간을 뒤로하고 또 새로운 한 해를 맞이했다. 우리는 시간의 흐름을 종종 잊어버릴 때가 있다. 어제의 삶이 오늘도 연속되고 있음을 당연한 것으로 또, 나의 시간은 영원할 것으로 믿는다. 본인의 시간만은 계속될 것이라 착각하는 것이다.

우리는 일 년을 365일로 나눈다. 이는 지구가 자전하면서 태양을 완전하게 한 바퀴 도는 것을 뜻한다. 생명의 근원인 시·공간에서 출발한 365라는 숫자는 태양력(太陽曆)을 기반으로 1582년에 교황 '그레고리오 13세(Gregorius XIII, 1502~1585)'에 의한 결과물이다. 숫자 1에서부터 시작되는 365일은 단순한 시간 단위라기보다는 생명의 신비로움이다. 그 때문에 1월 1일은 어제에 이어진 시간이 아니라 새로운 시작을 의미하고 있고, 그날 우리는 서로에게 송구영신(送舊迎新)과 근하신년(謹賀新年)을 덕담으로 새로운 소망을 기원한다.

소망(所望)은 '어떤 일을 이루고자 바라는 마음'이다. 이는 우리의 삶의 의미와 간절한 바람을 담아내는 희망을 뜻하는 것이다. 2025년을 맞이하는 국민들의 소망은, '정의로운 사회와 안전한 나라에서 살고 싶다.'가 첫 번째였고, 두 번째는 '가족의 건강과 팍팍한 살림살이에 대한 염려, 그리고 경제 회복'이었다.

우리는 다사다난(多事多難)이란 말로 한 해를 마무리하곤 한다. 하지만 지난해의 아픔들을 단순한 말 한마디와 단어 하나로 가름하기에는 너무나 큰 상처를 남기고 있다. 인간성을 파괴하는 처참한 전쟁의 참상은 세계 도처에서 계속되고 있고 분쟁과 갈등 또한 끊이지 않고 있다. 특히나 국내에서는 몇몇 오만한 군상들의 모습에 차마 고개를 들 수 없을 정도의 자괴감을 느낀다. 지난 12월 3일 불법 계엄이후 나라는 만신창이가 되었다. 헌정 사상 최초 현직 대통령 출국금지, 체포영장발부 등 있을 수 없는 일들이 현실이 되었고 현재도 진행 중이며 당분간은 계속될 전망이다. 국민의 신뢰를 저버린 몰염치한 그들에겐 최소한의 품위도 없고 염치도 없어 보인다.

또한, 12월 29일 무안국제공항에서 발생한 제주항공 여객기 참사는 온 국민의 애간장(애肝腸)을 태우며 비통함을 남겼다. 179명 사망, 2명 생존. 안타까운 희생자 개개인의 사연들은 오열하는 유가족뿐만 아니라 모든 국민들을 눈물 흘리게 했다. 이어진 사건들로 인해 국격이 떨어지고 침체가 깊어지던 경제는 더 깊은 나락으로 떨어지고 있다. 참으로 개탄스러울 따름이다.

매년 유엔지속가능발전해법네트워크(SDSN)가 '세계행복보고서'(WHR)를 발표하면서 세계에서 가장 행복한 나라를 핀란드로 꼽는다. 연속 7년째 1위에 오른 것이다. 이 보고서는 갤럽 세계여론조사(GWP)가 세계 각국에서 실시하는 주관적 안녕(SWB)에 관한 데이터를 분석한 것인데, 핀란드 국민들은 '국가에 대한 믿음과 신뢰'를 첫 번째 행복의 덕목으로 믿고 있었다. 혹시나 오늘, 아니면 내일 내게 무슨 일이 일어나더라도 나와 내 가정에 대한 사회적 연대에 확고한 믿음이 있었던 것이다. 우리나라는 어떠한가. 국가가 나를 지켜줄 거라는 믿음은 사라지고 각자도생을 부르짖는 사회가 되었다.

세계 GDP 10위, 경제 대국 우리 대한민국의 오늘의 안녕은 요원하게만 느껴진다. 정치적 대립과 이념의 갈등으로 인한 그들만의 리그(league)에서 지금의 대한민국은 아파하고 있다. 문화와 사회전반에 미치는 혼란은 더욱 가중될 것으로 보인다. 이러한 상식을 저버린 몰지각한 정치 행위에 무력감을 느낄 수밖에 없다.

그럼에도 우리 민족이 가진 국난극복의 DNA를 믿으며 소망의 꽃씨를 뿌려본다. 오늘의 소망을 내일의 희망으로 꽃을 피우는 것이다. '절망 없는 희망도 없다'라는 알베르 카뮈(A. Camus, 1913~1960)의 말처럼 우리는 이 어려운 역경을 잘 이겨낼 것이다. 자라나는 미래 세대를 위해서 반드시 이겨내야만 한다.

들어가면서

사람은 누구나 시간의 흐름에 따라 살아간다. 어느덧 필자도 그 시간에 실려 얼떨결에 여기까지 와버렸다. 돌이켜 보면, 옳고 그름에 망설임도 있었고 실천에 옮기지 못했던 크고 작은 일들에 아둔함도 있었다. 이러한 많은 실수와 후회 속에서도 배움을 얻었고 이렇게 천천히 오늘의 시간을 만들어 냈다.

그렇다고 후회만 있었던 것은 아니다. 누구처럼 파란 하늘과 예쁜 꽃들로 만발하지는 않았지만, 내게 있어 지나온 시간은 늘 희망이었고 매 순간이 감사였다. 내일을 향한 노스텔지아였던 것이다.

필자는 이러한 행위적 명분을 가지고 지난 30여 년을 문화운동가 또는 기획자라는 꽤 좋은 이름으로 최선을 다해왔다. 생각해 보면 성공이라 말할 수 있는 성과는 없으나 분명 지난 시간은 나라는 존재를 대변할 수 있는 울타리였으며 그것에는 기쁨도 있었고 때로는 눈물도 있었다.

그러던 차에 어느 날, 그동안 써왔던 칼럼을 모아 책으로 묶어

내고 싶은 마음이 들었다. 글솜씨가 좋아서도 아니고 그렇다고 문화와 예술에 대한 해박한 지식이 있는 것도 아니다. 단지 오랜 시간, 이 바닥에서 머물며 보고 듣고 또 부대끼면서 사유했던 잡다함을 누군가와 나누고 싶었다. 어쩌면 그때그때의 이슈들을 지나버린 신문 지면에 가둬놓기가 싫었는지도 모른다. 더 솔직히 말하자면 한 권의 책으로 남기고 싶은 욕망이 더 컸다.

지난 칼럼을 다시 정리하는 과정은 생각만큼 쉽지 않았다. 얕은 지식이 용기로 변화하는 순간, 한 단어 한 문장의 민낯이 드러날 때마다 부족함이 보여서 부끄러웠다. 여름철 무더위의 두려움보다 책을 향한 객관적 평가의 두려움이 앞섰지만 그래도 주위 분들의 진정한 격려가 큰 힘이 되었다.

이 책의 제목은 『생각의 파편』으로 결정한 것은, 말 그대로 일상의 틈에서 피어난 사유의 조각들이기 때문이다. 뉴스의 첫머리는 매시간 바뀌고, 사람들의 관심사는 그보다 더 빠르게 움직이고 있다. 이러한 흐름 속에서, 때로는 무심코 지나쳤을지도 모를 '이슈(issue)'들을 붙잡고 싶었다. 그 너머에 있는 인간의 감정과 문화와 예술, 그리고 삶의 결을 들여다보는 일이 이 책의 출발점이다.

따라서 이 책에는 거창한 담론이나 대단한 철학을 드러낸 내용은 없다. 오히려 아주 작은 생각에서 시작된 이야기들이다. 필자가 직접 겪은 일, 현장에서 마주친 사건, 그리고 시대가 던진 질문 앞에서 자연스레 떠올린 사유의 파편들을 정리해 봤다. 그렇게 쓴 글이 어느덧 쌓여, 연도별로 나누어 네 개의 장(chapter)으로 묶이게 된 것이다.

제1부는 2022년의 글을 담았다. 여기에서는 국립아시아문화전당을 시작으로 문화예술 공간의 필요성과 향유를 적시했고 다른 여러 주제의 칼럼을 통해 시민들이 직접 참여하고 만들어가는 문화의 현장을 조명하고자 했다.

제2부, 2023년의 글에서는 새해를 맞이하는 신년 음악회부터 시민 오케스트라의 활약 그리고 클래식과 오페라의 대중화까지 광주 시민들이 예술을 통해 시간을 함께 나누는 모습을 기록하며 문화도시 광주의 재생과 발전을 다뤘다.

제3부, 2024년 글에는 성공과 성장의 이면에 있는 이야기들, 예술의 본질에 대한 고민을 담았다. 그리고 공동체의 희망을 담은 5·18의 의미 등을 통해 광주 시민들의 마음을 들여다보고 싶었다.

끝으로 제4부는 2025년 8월까지의 칼럼 모음이다. 미래를 향한 소망과 희망, 그리고 작은 실천이 만들어 내는 기적을 통해 광주의 내일을 그려보고 싶었다. 또한 K-클래식 음악의 세계적인 주목과 공동체의 따뜻한 이야기들을 담았다.

이처럼 필자의 시선이 향한 곳은 언제나 시간과 공간이다. 공연장의 관객들, 도시의 풍경, 그리고 예술의 언저리에서 살아가는 사람들의 이야기라 할 수 있겠다. 문화와 예술은 소수의 전유물이 아니라 우리 모두의 삶에 스며 있으며, 이를 나누고 공감하는 일이야말로 오늘날 우리 사회에 필요한 이심전심이라 믿고 있기 때문이다.

그래서 이 책은 일방적인 메시지라기보다는 대화이기를 바란다. 어떤 글에서는 고개를 끄덕이거나, 어떤 글은 공감하기 어려운 부분도 있을 것이다. 또 어떤 글에서는 잠깐 생각이 머물지도 모른다. 그러나 그 모든 반응 속에 바라고 기대하는 것은 각자의 자리에서 느낀 감정들과 이 글들이 스치듯 맞닿기를 소망해 본다.

끝으로 이 책이 세상에 나오기까지 관심과 격려를 아끼지 않은 많은 분들께 감사드린다. 그리고 초고에서부터 비판적 조언을 아끼지 않았던 사랑하는 박유영 님과 필요 사진들을 제공해준 테너 신연석 선생, 대구오페라하우스 김민정 선생님께도 감사드린다. 특히, 전남투데이와 전남일보에도 감사함을 전한다. 이제 다시 새로운 시작을 위해 최선을 다할 시간이다. 우리가 같이 해보는 것이다.

2025년 어느 날

제1부

2022년 - 글을 담다

1. 전당, 자세히 보고 오래 보고 싶은
2. 또, 축제는 시작되었다
3. 광주의 새로운 랜드마크(Landmark)를 꿈꾸다
4. 광주에도 이런 축제 하나 있으면 참 좋겠다
5. 음악, 생의 최고의 선물
6. 우리 가곡(歌曲), 바람 타고 마음에 머물다
7. 트로트 음악의 노블레스 오블리주
8. 나에게 전하는 특별한 크리스마스 선물

1.
전당, 자세히 보고 오래 보고 싶은

오래전부터 문화의 가치는 도시산업을 이끌어가는 새로운 대세(trend)로 인식되어왔다. 여기에는 사람과 예술이 바탕을 이루고 그것의 기본 구성요소는 바로 공간(空間)이라 할 수 있겠다. 이는 문화와 예술이 도시산업의 중요 가치이며 동시에 공간을 중심으로 한 사람의 실천적 철학이 담겨야 함을 의미한다.

광주는 역사적으로 문화와 예술의 혼이 깃든 도시이며 구성원들의 자부심과 긍지 또한 대단하다. 그리하여 광주를 애향의 도시라 칭하며, 광주는 아시아문화 중심도시를 지향한다.

2004년 노무현 정부 당시, '문화중심도시조성위원회'를 발족시키고, 이후 아시아문화중심도시 조성에 관한 특별법이 시행되면서 '국립아시아문화전당(이하 전당)' 건립이 추진되었다. 그리하여 2015년, 전당은 5·18 민주항쟁의 역사적 정신이 깃들어 있는 옛 전남도청 건물과 그 일대에 문화예술복합공간으로 탄생하게 되었다.

아시아문화광장

처음에는 전당이 평지보다 훨씬 낮은 땅속에 건립되는 것을 보고 무덤으로 내려가는 망측한 곳이라고 하는 이들도 있었고, 지역에서 활동하는 예술인들마저도 이런저런 이유로 전당을 바라보는 시선이 곱지만은 않았었다.

하지만 필자에게 있어, 전당은 요즘 젊은이들의 용어로 '최애'의 장소라고 할 수 있겠다. 특별한 공연이나 전시가 없더라도 도서관(library)을 비롯한 여러 시설을 무료로 이용할 수 있고, 시원한 에어컨 밑에서 흐르는 땀을 식힐 수 있다. 또, 수백 권의 장서를 자유롭게 읽을 수도 있기에 마치 천국과도 같은 곳이다.

무엇보다도 주변 경관이 좋고 접근성 또한 훌륭하다. 아시아문화광장, 하늘마당 등의 정원도 조성이 잘 돼 있어 휴식을 위한 공간으로도 부족함이 없다. 이 밖에도 다양한 전시회와 새로운 프로그램이 1년 내내 역동적으로 펼쳐지고 있다.

하지만, 문제는 전당이 건립된 지가 10년이 다 되었음에도 아

〈국립아시아문화전당〉은 아시아문화광장뿐 아니라 도서관, 전시관, 극장, 하늘마당 등 다양한 여러 문화를 향유할 수 있는 복합문화공간으로 자리하고 있다. [ⓒ국립아시아문화전당]

직 이곳을 한 번도 안 가본 사람이 꽤 있다는 것이다. 조사에 따르면 무려 30%나 된다고 한다. 물론 홍보를 비롯한 운영 전반에 문제들이 있을 수 있다. 하지만 우리 자신을 먼저 돌아봤으면 좋겠다. 전당은 시민의 세금으로 세워진 문화예술공간이다. 어느 몇몇 특정인들을 위한 건물이 아니며, 그들에 의해 좌지우지(左之右之)되는 곳은 더욱 아니다. 시민들 모두의 공간이고 놀이터인 것이다. 우리가 잘 다듬어 가야 한다.

그러한 차원에서 전당이 광주를 대표하는 문화공간으로 우뚝 서기 위한 몇 가지를 첨하고자 한다. 첫째, 시민들이 주체적인 자긍심을 가지고 있어야 한다는 것이다. 전당은 이미 지역의 경계를 넘어, 아시아 문화교류의 전초기지로 자리를 잡았기 때문이다. 둘째, 적극적 관심과 시민들의 자발적인 참여가 있으면 좋겠다. 운영 전반에 주체적 관심과 책임감 있는 목소리로, 더 나은 방향을 제시하기 위한 꾸준한 요망(要望)이 지속 되어야 한다. 셋째, 사람에 대한 존중이다. 새로운 비전과 아젠다(agenda)도 중요하지만, 사람의 가치가 우선되어야 한다.

문화상품의 가치는 사람이 정한다. 그러기 위해서는 상호 간 감동이 있어야 하며, 그 감동으로 광주만의 상품이 만들어지는 것이다. 이러한 문화적 소양과 수준은 우리 각자의 몫이다. 한 사람 한 사람의 관심과 응원은 광주를 최고의 아시아문화예술의 도시로 만들어 가는 원천이 될 것이다.

전당은 그것을 가능하게 하는 배경이다. 시민들의 직접적인 참여는 전당을 교류와 소통의 장으로 만들어 갈 것이며, 이는 경제적 수치로 환산할 수 없는 긍정 평가들을 일궈낼 것으로 본다. 문화 선진국들은 이러한 문화자산을 충분히 활용해 관광 산업을 발전시켰고 그것을 향유하면서 건강한 삶을 지속하고 있다.

시인은 노래한다. "예뻐서가 아니다. 잘나서도 아니다. 많은 것을 가져서도 아니다. 다만 너이기 때문에 네가 너이기 때문에 보고 싶은 것이고 사랑스러운 것이고 안쓰러운 것이고 끝내 가슴에 못이 되어 박히는 것이다"라고. (나태주, 『꽃5』에서) 우리에게 국립아시아문화전당은 그런 곳이다. 지금부터라도 좀 더 많은 사람이

전당을 찾아 다양한 문화를 즐기며 삶을 풍요롭게 만들어가길 희망한다. 결국, 나를 사랑하지 않는 나는 존재하지 않기 때문이다. 자세히 보아야 하고 오래 보아야 한다. 예쁘고 사랑스럽고 자랑스러운 곳이어야 하므로.

[전남투데이, 2022.9.7.]

2.
또, 축제가 시작되었다

2022년 가을, 축제의 계절이 돌아왔다. 지금 대한민국 방방곡곡은 갖가지 이름의 축제들이 한창이다. 오색찬란한 조명 아래, 유명가수들의 노랫가락과 흥겨운 추임새가 저 멀리서부터 들려온다. 각 지자체는 1990년 중반 지방자치가 본격화된 후 각종 이름의 축제와 행사를 생산해 내고 있다. 그중 일부는 계절이나 주제와는 관계없이 무채색의 차별성 없는 행사들을 반복하기도 한다.

문제는 이러한 축제들이 시작된 지 여러 해가 지났음에도 구성과 내용에는 예나 지금이나 큰 변화가 없다는 것이다. 반찬의 가지 수는 많아졌고 상차림은 푸짐해졌으나 딱히 손이 가는 반찬은 없는, 그런 상황이다.

자료에 의하면 각지에서 매년 2천 5백여 개의 축제가 열린다고 한다. 하루에 7개꼴로 진행되고 있는 것이다. 광주와 전남만해도 수많은 축제와 행사들이 펼쳐지고 있다. 여기에는 성공한

영국 에든버러 축제

축제도 있지만, 일정 성과를 내지 못하는 축제와 행사들이 더러 있을 것이다. 물론 나름의 목적도 있고 목표로 하는 의미도 있겠지만 대부분의 축제는 이름만 달리할 뿐 그 내용은 크게 다르지 않아 보인다.

이처럼 보여주기식, 성과 위주의 축제로는 더 이상 성공할 수 없는 시대가 되었다. 이는 시민들의 다양한 욕구에도 반(反)할뿐더러 지역 경쟁력에도 부정적인 영향을 미칠 수 있기 때문이다.

과거 축제는 종교의식에 기원을 두고 있으며 특정한 사건이나 시간을 기념하는 행사였다. 그래서 축제(Festival)라는 말 자체가 성스러운 날(聖日)을 뜻하는 라틴어 페에스툼(festum)에서 유래된 것이다. 하지만 최근에는 축제의 의미나 지속성에 대한 고민

없이 상황에 따라 경제적 가치만을 추구하는 경우가 많아졌다. 이러한 지나친 투자와 그럴싸한 치장에는 이제 답은 없다. 또 그러한 시대는 이미 저물었다.

축제는 지역의 정체성·공동체성을 회복하는 참여와 실천의 현장이며, 지역문화의 표출이다. 단지 놀이본능을 충족하는 일회성 행사가 아니라는 것이다. 문화와 예술을 비롯한 주민들의 공감과 지역의 유·무형의 문화 현상의 총체라 할 수 있겠다. 따라서 이러한 지역축제들이 시민 다수의 관심과 응원으로 풍성한 열매를 맺기 위해 몇 가지 소견을 더하고자 한다.

첫째, 축제는 지역의 역사적 배경을 바탕으로 지역문화의 계승 및 발전에 의의를 두어야 한다. 그 지역만의 차별화된 이야기(Story)를 통해 다수의 공감대를 형성해야만 성공할 수 있다. 축제는 주민들의 삶을 총체적으로 대변하고 있기 때문이다.

둘째, 확실한 주제와 소재를 바탕으로 축제를 기획해야 한다. 시민들은 '그냥', '그럭저럭', '대충' 등의 단어에는 매력을 느끼지 못한다. 피로감만 쌓일 뿐이다. 그러므로 참여를 유발할 수 있는 킬러 콘텐츠 개발과 시민들의 눈높이에 맞는 기획과 축제 운영이 꼭 필요하다.

셋째, 관(官) 주도의 형식에서 탈피하고 지역 주민이 주체가 되는 선순환적인 시스템의 구축이다. 주민의 참여가 없는 축제는 있을 수 없다. 준비 단계에서부터 축제를 기획하고 운영하는 각

전국 각지에서 수많은 축제를 유치하고 있다. [ⓒ한국관광공사]

전문가 집단과 시민들의 협업(collaboration)을 통해서만 창의적인 새로움을 토해낼 수 있기 때문이다.

넷째, 축제를 통해 주민들의 경제적 소득 창출과 지역 이미지를 상품(brand)화 시킬 방안을 연구해야 한다. 오늘날 축제는 단순 당위성의 경계를 뛰어넘어 통섭(統攝)되고 있다. 그 때문에 건강한 축제는 관광의 촉매제 역할과 부가가치를 증대시키고 문화산업과도 맞물려 선순환되는 것이다.

결국, 축제의 품격은 무대를 비롯한 구성 장비가 얼마만큼 크고 화려한가, 인기 가수가 몇 명이나 출연했는가가 아니라 얼마나 재미있고, 참여한 시민들이 어떤 감동을 나누었는지가 더 중요한 핵심일 것이다. 만약 그 축제에 독창성과 마음에 감동이 없다면 시민들은 축제를 멀리할 것이 자명하다.

이제 축제는 시민들의 일상과 뗄 수 있는 그 무엇이 아니다. 문화적 욕구충족과 예술향유의 필요불가결(必要不可缺)한 특별함이다. 그러한 까닭에 흥청망청 놀고먹는, 그냥 시간에 묻어나는 축제가 아니라 우리의 삶의 질 향상과 지역사회를 풍요롭게 하는 우리만의 축제로 거듭나야 하는 것이다. 축제에도 철학이 있기 때문이다.

[전남투데이 2022.9.19.]

3.
광주의 새로운 랜드마크(Landmark)를 꿈꾸다

　현대 사회의 문화와 예술은 사람의 몸에 생명을 불어넣는 호흡과도 같다. 끊임없이 심박동하면서 정치, 사회, 경제 등 일상의 모든 것과 연결되어 지구촌 저 끝까지 강물처럼 흐르고 있다. 즉 문화와 예술은 우리의 생명이자 삶 그 자체인 것이다.

　문화를 영어로 컬처(culture)라고 한다. 그 사전적 의미를 살펴보면, 한 국가나 집단의 문화, 고유의 문화를 지닌 공동체, 생물학적 배양이라는 넓은 의미를 포함하고 있다. 그러나 본래 어원은 '땅을 개간하다', '돌보다' 라는 라틴어 '쿨투라(cultura)'에서 비롯되었다. 문화는 농부가 척박한 땅을 갈아엎어 씨를 뿌리고, 그 씨가 발아해 열매를 맺기까지의 간절한 바람과 처절한 노동의 결실이다. 이는 문화가 한순간에 뚝딱 구축될 수 없음을 뜻한다.

　오늘날의 도시는 이러한 땀방울 하나하나의 최선이며, 인간이 사람답게 살아갈 수 있는 유기체(organism)이면서 인격체(person)인 것이다. 따라서 인간의 흔적과 공간을 대표하는 도시의 이미지는 문화의 특별함을 창작(making)함으로써 랜드마크(Landmark)란 이름으로 차별화되는 것이다. 이에 현대 사회의 랜드마크는 국가나 지역을 대표하는 이미지를 가지고 있기에 공간에 대한 특정한 인식을 각인시켜 관광과 문화적 비전을 제시하는 데 큰 힘이 되고 있다. 이 때문에 많은 지자체가 서로 경쟁하듯 각 공간 특성을 살린 상징물을 개발하는 데 온 힘을 쏟고 있다. 특히 이를 활용한 관광 산업이 각 분야에 미치는 긍정적 효과를 무시할 수 없기에 나름의 특별함을 보이는 것이다. 랜드마크는 시각적, 예술적 측면에서도 도시 이미지를 구축하는 데 중요한 핵심 요소가 되고 있다.

　21세기는 누구든 맘만 먹으면 세계 어느 곳이든 이웃집 담을

런던 아이(London Eye) [ⓒpixabay]

넘듯이 시·공간을 단숨에 뛰어넘을 수 있게 되었다. 최고의 랜드마크를 찾아 나름의 의미를 부여할 수 있는 여행을 얼마든지 할 수 있다는 것이다.

아침에 비행기에 오르면 저녁에 에펠탑 아래에서 근사한 식사를 할 수 있고 런던 아이(London Eye)에서 저 멀리 보이는 웨스트민스터 사원과 세계에서 가장 큰 자명종 시계가 달린 빅벤(Big Ben)을 감상할 수도 있다. 태평양 건너 뉴욕 록펠러센터 전망대에 오르면 드넓은 초록의 센트럴파크와 자유의 여신상이 한눈에 들어온다.

이렇듯 랜드마크는 세계 특정 지역을 방문하는 관광객들에게 공간의 시각적 요소를 또, 그에 따른 특성을 각인시키는 아주 중요한 수단으로 작용하고 있다. 그러므로 각 지역의 고유한 특색을 방영한 상징적인 랜드마크 개발은 매우 중요한 일인 것이다.

사람들은 광주를 '맛'과 '멋'이 어우러지는 예향의 도시, 아시아 문화 중심도시라 부른다. 그러나 광주의 랜드마크는 무엇이 있을까? 무등산, 국립아시아문화전당, 5·18의 상흔이 남아있는 전일빌딩 245 등 몇몇 장소와 공간을 제외하면 딱히 떠오르는 곳은 없는 것 같다. 과연 140만 예향의 도시 광주는 무엇을 랜드마크라 얘기할 수 있겠는가?

다행히도 광주광역시는 문화예술 분야의 실천과제를 상상이 현실이 되는 '꿀잼도시'로 설정하고 이를 위한 중지를 모아가고 있다. 그중 관광 분야 쪽에 핵심 공약 중 하나인 'Y벨트 익사익팅 프로젝트' 사업에 박차를 가하는 중이다.

신활력 행정협의체에서도 전남방직과 일신방직을 관광과 융·복합 체험형 테마파크로 조성하기 위한 시스템을 가동하고 있다. 중앙정부도 이 공간이 세계적 디지털 혁신명소로 거듭날 수 있도록 아낌없는 지원을 약속했다. 늦었지만 지금부터다. 지금이 가장 빠른 내일을 기약할 수 있기 때문이다.

이러한 광주광역시의 랜드마크 개발은 문화예술은 물론 관광에 이르기까지 전반에 걸쳐 생산적 파급효과를 가져올 것이며, 활력이 넘치는 '꿀잼도시 광주'로 완성될 것으로 본다. 랜드마크는 언제나 문화와 예술과 함께 숨쉬기 때문에, 신기루처럼 잠시 눈에 보이는 성과나 근시안적 시각이 아닌, 광주가 최고의 문화예술의 도시, 지구촌 모든 이가 꼭 한 번쯤 오고 싶어 하는 버킷리스트(bucket list) 도시로 거듭나게 될 것이라 믿는다.

[전남투데이, 2022.10.5.]

4.
광주에도 이런 축제 하나 있으면 참 좋겠다

 축제는 시·공간을 초월해 인간이 숨 쉬는 모든 곳에 존재해 왔으며, 지구촌 곳곳에서 나름의 의미를 담아 현재에도 계속되고 있다. 오늘날의 축제는 시민들의 화합을 도모하고 문화의 정체성을 확립할 뿐만 아니라 지역경제 활성화와 긍정적 대내·외 이미지를 만드는 데에도 한 축을 담당하고 있는 것이다. 또한, 그 지역만의 독특한 자원을 활용한 축제는 여러 분야에서 긍정적 효과를 만들어 내고 구성원들의 삶에도 자긍심을 부여하고 있다.
 때로는 이에 동의를 못 하는 이들도 있을 것이다. 그동안의 축제가 명칭만 다를 뿐 형식이나 내용에는 차별화 없는 일회성의 행사로 그치는 경우가 많았기 때문이다. 필자도 일부 동의하고 지난 글에도 그러한 문제점을 지적한 바 있다.
 그럼에도 축제는 5차 산업과 맞물려 계속해서 발선·신화하고 있으며 고부가가치를 창출해내는 핵심 요소임을 부인할 수 없다. 특히 음악을 주재료로 하는 축제는 예술적 성격이 강할 뿐만 아

에스토니아 에스티 콘서트(Eesti Kontsert) 극장

니라 음악 자체가 지닌 에너지 덕분에 많은 사람이 동참할 수밖에 없는 마력을 지니고 있다.

오스트리아의 잘츠부르크에서는 7월 중순부터 8월 말까지 클래식 음악축제가 펼쳐진다. 무려 200여 회가 넘는 여러 형태의 음악회가 주·야로 열리고, 실내뿐만 아니라 광장에서도 대형 스크린을 설치해 오페라나 발레 공연 등을 지속해서 상영한다. 도시 전체가 거대한 무대로 변하는 것이다. 매년 약 25만 명의 관광객이 이 축제를 찾는다.

국내에서는 2004년에 시작된 '대관령음악제'가 강원도의 대자연을 세계에 알림과 동시에, 떠오르는 신진 예술가들에게 소중한 발판을 제공하고 있다. 음악제는 7~8월 '평창 대관령음악제'와 겨울에 열리는 '대관령 겨울 음악제'로 나뉘는데, 그동안 정명화,

정경화, 백건우 등을 비롯한 수많은 음악가가 출연했었다. 특히 2020년에는 피아니스트 손열음과 지난 6월, 제16회 반 클라이번 국제 피아노 콩쿠르에서 우승한 피아니스트 임윤찬의 듀오 무대가 꾸려지기도 했다.

경남 통영에서도 세계적인 국제음악축제가 열리고 있다. 음악제는 2000년, 작곡가 윤이상(尹伊桑, 1917~1995)을 기리며 '통영 현대음악제'란 이름으로 출발했었고 2002년 '통영국제음악제'로 이름을 바꾼 뒤, 매년 4월 초에 아름다운 남해를 배경으로 음악축제가 펼쳐진다. 지금까지 수빈 메타를 비롯해 성냥훈, 조수미, 첼리스트 미샤 마이스키, BBC 필하모닉 등 세계

(위) 대관령음악제 [ⓒ(재)강원문화재단 대관령음악제운영실]

(아래) 통영국제음악제가 열리는 1309석 규모의 '통영국제음악당 콘서트홀'과 윤이상 추모지 [ⓒ통영국제음악재단]

제36회 광주음악제. 〈음악으로 기억하고, 화합으로 나아가다〉 [©국립아시아문화전당]

유수 음악인들이 통영을 찾아 감동의 무대를 선사했고, 매 공연 매진 행렬을 만들어 내고 있다.

이제 광주에서도 이런 축제 하나 있으면 참 좋겠다. 광주도 위의 도시들 못지않게 최고의 음악축제를 만들어 낼 수 있는 충분한 조건을 갖추고 있기 때문이다. 몇 가지 나열하자면 첫째, 광주는 문화 예술면에서 미래 성장 동력의 무한한 가치를 지닌 아시아 최고 문화 중심 도시라는 것이다. 둘째, 아시아문화 예술 교류와 창·제작의 통합적 플랫폼 역할을 하는 국립아시아문화전당이 자리하고 있으며 셋째, 시립합창단과 교향악단, 시립오페라단을 비롯한 수많은 아마추어 음악동호인들이 폭넓은 활동을 하고 있다는 것이다. 그리고 마지막으로는 축제를 체계적으로 운영·기획 진행할 수 있는 전문가 집단과 주변 인프라를 충분히 확보하고 있다는 것이다.

여기에 하나를 더하자면 지금부터라도 광주에서 클래식 음악 발전에 공이 큰 음악인에게 특별한 상(Asia Classic Music Award)을 수여했으면 좋겠다. 그 업적을 기리고 예술에 관한 학문적 연구와 포럼이나 세미나 등이 지속해서 개최된다면 앞으로 광주의 위상은 크게 달라질 것으로 믿는다. 그뿐만 아니라 대외적인 환경도 아주 긍정적일 것이다. 여러 아시아 국가에서 클래식 음악 애호가들이 증가하면서 다양한 음악축제로 이어지고 있기 때문이다.

매년 10월 한 달을 음악이 흐르는 광주로, 광주가 아시아 시민들의 음악놀이터로 변화되길 희망한다. 이는 분명 정치, 사회, 경제적으로도 충분히 시너지를 만들어 낼 것이다. 아시아 국가들의 교류 장뿐만 아니라, 유·무형의 일자리 창출과 도시 마케팅에도 긍정적 영향이 있을 것으로 본다. 꼭 클래식 음악이 아니어도 좋고, 시민들 모두가 손을 잡고 노래하는 합창이나 여타 음악축제여도 좋을 것 같다. 광주는 아시아문화 중심도시이기 때문이다.

[전남투데이, 2022.10.19.]

5.
음악, 생의 최고의 선물

"어머님의 손을 놓고 돌아설 때엔 부엉새도 울었다오. 나도 울었소. 가랑잎이 휘날리는 산마루턱을" 저녁 식사를 마치고 상을 치우는데 TV에서 흘러나오는 익숙한 노랫소리가 귀를 사로잡았다. 〈비 내리는 고모령〉이라는 노래이다. 절절한 노래 가사는 오래전 기억들을 소환시켰고 가슴을 먹먹하게 만들었다.

작고하신 부친께서 여러 해 전, 큰댁에서 조부모님의 추도식을 마치고 돌아오는 길에 이 노래를 절절하게 읊조리셨던 모습이 떠올랐다. 애절했던 멜로디는 승용차 안을 가득 메웠고 동승했던 이들의 마음에는 눈물이 고였다. 이 사모곡(思母曲)은 대한민국 모든 자

「비 내리는 고모령」은 대구광역시 수성구 고모동에 있는 고모령 고개를 주제로 박시춘이 작곡하고 호동아가 작사한 가수 현인의 노래이다. 1948년 창작되었고, 1949년 발표되었다. [©한국학중앙연구원]

식들에게 눈물로 위안이 되는 명곡임이 틀림없다.

이처럼 사람의 마음을 뒤흔드는 음악은 과연 무엇일까? 사전에서는 음악을 '소리를 재료로 하여 인간의 감정이나 사상을 표현하는 예술의 한 부분이다'라고 설명하고 있다. 그러나 이 정의에 깊이 공감할 이가 과연 몇몇이나 될까? 음악은 무엇 무엇이다라고 결론짓는 것은 하등 쓸모없는 작업이기 때문이다. 음악은 수학 공식처럼 단순 기호로 정의하거나 형상화할 수 있는 대상이 아니다.

음악(Music)은 라틴어 '무지카(Musica)'에서 왔으며, 이는 다시 그리스어 '무지케(Mousike)'에서 유래한 것으로 '무지케'는 '무사이(Muse)'의 영감을 받은 인간 활동 전반을 의미했다. 즉 음악은 하늘과 땅을 이어주는 신들의 메시지이자, 인간 감정과 가장 밀접하게 연결된 매개체다. 비단 인간뿐만 아니라 생명을 가진 모든 동·식물에도 영향을 미치는 의미체(意味體)이며 인간 삶의 일부분이라 할 수 있다.

우리는 팬데믹 상황 속에서도 아파트 베란다나 광장을 무대 삼아 서로를 위로하는 노래를 불렀었다. 또 암 투병 중 격리된 할머니를 위해 병원 건너편에서 애타는 마음으로 아코디언을 연주하는 이발리아 할아버지를 기억하고 있다. 47년이란 시간을 같이한 부부가 길 건너 창문을 사이에 두고 매일 같이 손 키스를 날리며 서로를 위로하는 모습은, 그 자체로 전 세계인의 심금을 울렸었다.

그뿐이랴. 음악은 역사의 고비마다 대중의 마음을 하나로 엮어 왔다. 근대 이후 일제 강점기 때는 "이 풍진(風塵) 세상을 만났으니 너의 희망이 무엇이냐"라고 노래하며 나라 잃은 설움을 달랬고, 민족의 아픔인 한국전쟁 시에는 〈굳세어라 금순아〉, 〈이별의 부산정거장〉 등의 노래로 모든 이가 함께 애달파했었다. 또 "우리도 한번 잘 살아보세"를 외치며 험난한 재건기를 거쳤고, 이후 민주화 운동이 한창인 시기에는 〈아침이슬〉을 목청껏 불렀었다. 남과 북이 대치하는 엄중한 안보 상황 속에서도 음악이라는 요소는 갈등을 완화시키고 서로를 이어주는 중요한 매개 역할을 했다.

이뿐만 아니라 음악은 모든 애경사에 빠져서는 안 될 절대 필수요소다. 장엄한 국가 행사를 비롯한 개인사의 중요한 순간과 장례 의식에까지 음악은 음악으로서 그 소임을 다하고, 사람들은 그 음악에 반응한다. 음악은 매 순간 우리를 하나로 묶어내는 것이다.

4차 산업혁명을 대변하는 인공지능, 사물인터넷(IoT), 증강실감기술(VR/AR) 등 여러 과학 기술이 세상을 종횡무진(縱橫無盡)하고, 물질적인 풍요가 넘치는 세상이지만 우리는 그냥 인간일 뿐이다. 생로병사와 삶의 고통에 떠는 인간. 결국, 우리는 〈여자의 일생〉과 〈유 레이즈 미 업〉(You Raise Me Up)을 노래하며, 위로하고 위로받는다. 음악이 없는 세상을 상상할 수 있을까?

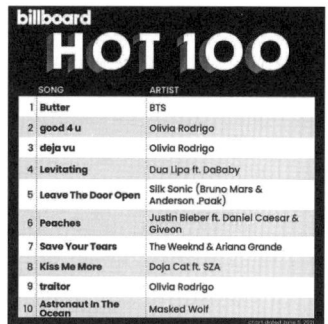

미국 빌보드가(2021) 발표한 메인 싱글차트 '핫 100'에서 방탄소년단(BTS)의 신곡 '버터'(Butter)가 1위를 차지했다. 빌보드 공식 웹사이트 [ⓒ코리아넷뉴스]

　이제 대한민국의 음악은 방탄소년단(BTS), 이날치, 블랙핑크 등이 K-POP이라는 이름으로 또 하나의 한류 열풍을 만들어가고 있다. 우리의 감성이 지구촌 사람들과 소통되고 있다. 이러한 기회를 잘 살려, 대한민국의 음악이 단순 감각적 자극이 아니라 질적으로 더욱더 잘 다듬어져서 100년, 200년 뒤에도 세계인의 감성을 두드리는 훌륭한 예술로 자리하길 희망한다. 세대와 시대를 연결하는 음악, 음악은 여러 문화를 통합하고 지구촌 모두를 연결하는 핵심 키워드임이 틀림없다.

[전남투데이, 2022.11.9.]

▶이날치 '범 내려온다'. 한국 관광공사 해외홍보 영상.

6.
우리 가곡(歌曲), 바람 타고 마음에 머물다

광주시민회관을 기억하는가? 지금은 청년들의 창업 활동을 지원하는 로컬 창업공간으로 쓰이고 있지만, 한때 광주시민회관은 호남 최대의 문화복합공간이었다. 1971년 개관 이후 폐관 시점까지, 시민회관은 수많은 공연을 열었고 때로는 결혼식장, 영화관으로도 활발히 쓰였다.

1987년 11월 어느 날, 그곳에서 '가을 가곡의 밤'이 열렸다. 나의 스타, 테너 신영조(辛瑛朝, 1943~) 선생님이 출연하는 음악회였기에 그날만을 학수고대(鶴首苦待)했었다. 공연 당일, 마음이 급한 필자는 3시간도 더 전에 공연장에 도착했고 경계의 시선 없이 극장 안으로 들어갈 수 있었다.

한쪽 의자에 앉아 일원의 한 사람처럼 공연장을 둘러보던 중에 별안간 리허설이 시작되었다. 신영조 선생님이 피아노 앞으로 걸어 나오시더니 멋지게 소리를 내셨다. 심장은 뛰었고, 온 감각이 그에게 쏠렸다. 그가 부르는 〈산노을〉이란 가곡은 어두운 시

빛고을시민문화관 [© 광주문화재단 빛고을시민문화관]

민회관을 뒤흔들었고 그 청아한 미성은 '내가 바로 신영조야'라는 존재감을 드러냈다. 그때는 파바로티(L. Pavarotti, 1935~2007)보다, 도밍고(P. Domingo, 1941~)보다, 호세 카레라스(J. Carreras, 1946~)보다 훨씬 멋져 보였고 내 인생 최고의 노래였다. 아직도 그날의 모습이 눈에 선하게 남는다.

이처럼 어느 천재의 포이에시스(poiēsis), 즉 예술적 창조 활동은 수많은 음악가에 의해 감동을 만들어 내고 기쁨과 추억의 나래를 펼치게 한다. 예술은 감각적이고 직관적인 상상력에 의해서 이뤄진다. 이러한 예술 행위는 영적인 발로이며 단순 모방과 같은 미메시스(mimēsis)가 아닌 영감의 표현이다.

일반적으로 반주에 맞춰 부르는 노래들을 가곡이라 하지만, 서양에서의 가곡은 성악곡의 한 장르를 말한다. 대략 7세기경부터 교회음악에 그 기원을 두고 있고 낭만주의 시대에 접어들면서 슈

베르트(F. P. Schubert, 1797~1828)에 의해 '겨울 나그네', '마왕', '송어' 등의 여러 작품이 대중화를 맞게 되었다. 이때부터 예술가곡의 전성기를 맞게 된 것이다.

우리나라는 대한제국 말기쯤, 찬송가의 보급과 문학작품에 곡(曲)이 더해지고, 국민적 정서와 양식에 공감하면서 크나큰 발전을 하게 되었다. 비록 짧은 성장기를 거쳤지만, 오늘에 이르러서는 여러 장르와 융화되어 '아트 팝(Art Pop)'이라는 새로운 형태의 예술가곡으로 성장하고 있다.

"그대를 처음 본 순간이여 설레는 내 마음에 빛을 담았네. 말 못해 애타는 시간이여, 나 홀로 저민다" 김효근(金孝根, 1960~) 선생이 작곡한 〈첫사랑〉과 같이, 대한민국을 대표하고 있는 아트 팝은 지금도 많은 젊은 작곡가들에 의해 계속해서 창작되고 있다. 최근에는 각 방송국에서 진행하는 크로스오버 음악 경연 프로그램이 큰 인기를 끌면서 다양한 형태의 아트 팝을 즐기는 이들도 증가 추세에 있다.

플라톤은 『국가』에 수록된 '음악의 탄생' 편에 '음악에서 가사는 지혜와 용기를 비롯해 절제를 기르는 데 도움이 되어야 하고, 리듬과 조성은 가사의 내용이 영혼 깊이 파고들게 만들어 고상한 성격 형성에 도움을 주어야 한다'라고 했다.

이러한 관점에서 우리 가곡은 가사가 시의 율격에 맞춰 작사되었다. 고유의 한국적 색채와 깊은 서정성을 간직하며, 민족의 애

환과 감정을 담고 있어 그 예술적 가치는 어떤 음악과도 견줄 수 없다.

그뿐만 아니라 가곡은 삶을 깊이 있게 이해해주는 인문적 예술이다. 음악은 보편적이고 상대적이면서 주관적이라 할 수 있기에 우리가 즐겨 부르는 가곡은 우리만의 감성을 잘 드러내고 있는 것이다.

이 밤, 필자는 김효근 선생이 1981년 서울대학교 3학년 재학 중에 작곡한 〈눈〉이란 노래를 마음으로 불러본다. 이 곡은 '제1회 MBC 대학가곡제'에서 서울대학교 음악과 1학년이었던 조미경 학생이 불러서 대상을 받았었다. "조그만 산길에 흰 눈이 곱게 쌓이면 내 작은 발자국을 영원히 남기고 싶소."

[전남투데이, 2022.11.23.]

7.
트로트 음악의 노블레스 오블리주

2022년 한 해도 얼마 남지 않았다. 연말을 맞아 여러 방송 매체가 평소보다 훨씬 많은 음악 프로그램을 내보낸다. 작년에 이어 올해도 트로트 음악(이하 트로트) 방송이 최고의 시청률을 기록하며, 트로트 스타 가수들이 잇따라 탄생하고 있다. 이제 트로트는 대중음악의 정준(定準)이 된 듯하다. 제2의 트로트 전성시대라 불러도 부족함이 없을 것이다. 특히 동남아를 비롯한 세계 각지에서 'K-트로트'라는 이름으로 국격을 드높이고 있기에 참으로 뿌듯하고 자랑스럽다.

일제 강점기에 시작된 이 대중가요는 지금의 트로트라는 명칭을 얻기까지 왜색 논란을 비롯하여 저급문화로 폄하되기도 했었다. 이후 다른 장르에 밀려 존재의 갈림길에 서기도 했지만, 수많은 어려움을 이겨내면서 오늘날 튼튼하고 빛나는 입지를 구축한 것이다.

그럼에도 아직도 트로트를 바라보는 시선은 그리 곱지만은 않은 것 같다. 선정적이고 경박한 가사를 비롯한 몇몇 모습에서 다수의 동의를 얻지 못하는 것이다. 대중문화에 노출된 어린이들에게 미치는 부정적 요인을 언급하고자 함이다.

대중문화(大衆文化)를 사전에서는 '대중매체를 기반으로 한 문화를 지칭하며, 혹은 대중이 중심이 되는 문화'라고 정의하고 있다. 즉 대중의 일상생활에서 소비되는 문화가 대중문화라는 것이다. 여기서 대중은 수많은 사람의 무리를 말하며 남녀노소, 어린이를 포함한 일반 다수를 지칭한다. 여기에서 문제는 대중의 영역에 포함된 지적, 정서적으로 아직 미성숙한 어린이들에게 트로트 방송의 일부 잘못된 경향성이 노출되고 있다는 것이다. 여기에는 여러 지자체에서 우후죽순(雨後竹筍) 개최되고 있는 어린이 트로트 경연대회도 포함된다.

위 매체들은 어린이들의 노래에 순위를 매기고 상금과 경품 등으로 그들을 무한경쟁에 노출시키고 있다. 음악이 주는 즐거움과 아름다움을 노래해야 할 가장 중요한 시기에, 재능을 상호 비교하여 누군가는 우승하게 되고 누군가는 탈락하는 것이다. 이를 보는 시청자 또한 아무런 도덕적 판단 없이 자신이 응원하는 참가자의 우승만을 바라며, 아직은 어린 탈락자의 심리적 상처를 외면한다. 출연자도 시청자도 자연스럽게 경쟁을 내면화하는 것이다. 이미 아이들은 학교와 학원에서 극심한 경쟁에 시달리는 중이다.

답답한 것은, 그들만의 생각과 언어로 세상을 보아야 할 동심의 시기에 성인들이 노래하는 사랑, 이별, 인생을 갖가지 율동과 함께 과장된 미소로 노래를 한다는 것이다. 〈사랑의 밧줄〉, 〈오빠 한번 믿어봐〉, 〈애인이 되어줄게요〉 등의 제목과 "오늘 밤에 아무도 모르게 너랑 둘이서 둘이서 사랑을 할 거야." 같은 노랫말은 초등학생들이 불러야 할 노래인지 의문을 갖게 한다.

동심은 풍성한 열매를 맺기 위한 소중한 씨앗이며, 내일을 위해 간직해야 할 예쁜 그릇이다. 그 그릇에 정제되지 않은 성인가요를 채울 수는 없다. 물론 유행을 따르는 대중문화의 속성과 트로트의 인기로 어린이가 더러 트로트를 부르는 것에 일정 부분 이해는 한다. 그러나 공영방송과 공공기관에서 아무 여과 없이 집객과 성과에 급급하여 어린이들을 상품화하는 것은 옳지 않다.

트로트 장르의 옳고 그름을 얘기하거나, 위의 노래 가사나 제목을 문제 삼는 것은 절대 아니다. 오히려 이런 면들이 최고의 전성기를 맞고 있는 K-트로트 장르에 누가 될까 걱정이 되는 것이다. 단지 자극적이고 노골적인 묘사와 성차별적인 노랫말은 어린이들과는 어울리지 않으며 교육적으로도 옳지 않다는 얘기다.

음악은 음(音) 하나하나에 우주의 심오함을 표현하고 있다. 그래서 창작의 숙고를 거친 좋은 음악에는 우리의 삶을 풍요롭게 하고, 모든 이들에게 심미적인 안녕을 기하는 힘이 내재되어 있는 것이다.

특히 예술적 가치가 있는 음악은 자라나는 어린이와 청소년들에게 정서적 영향을 미치고 창의력, 상상력, 감수성을 키울 뿐만 아니라 인생을 풍요롭게 하는 중요한 의미를 더하게 된다. 내일의 주역이 될 어린이와 청소년들이 건강한 음악을 기반으로 올곧게 성장할 수 있도록 도와주는 것, 이것은 어른들의 책무이다. 진정한 예술의 가치는 다양한 세대가 공감할 때 인정받을 수 있다.

[전남투데이, 2022.12.7.)]

8.
나에게 전하는 특별한 크리스마스 선물

"고요한 밤, 거룩한 밤, 어둠에 묻힌 밤." 이제 곧 성탄절이다. 이날은 예수님의 생일을 기념하는 날이지만, 많은 사람에게 12월 25일은 예수님 덕분에 쉬게 되는 법정 공휴일 중 하루다. 그리고 언제나처럼 크리스마스 캐럴이 흥을 더하고 그러다가 새해를 맞이하게 된다.

예전에는 이맘때쯤이면 거리 여기저기에서 어디서든 설렘으로 캐럴을 들을 수 있었지만, 지금은 그때의 정취나 시끌벅적함을 찾기 힘들어졌다. 그럼에도 캐럴은 여전히 기쁨과 축복을 전달한다. 종교적 의미나 신앙의 유무를 떠나, 사랑과 평화의 메시지가 자연스럽게 사람들의 마음에 스며드는 것이다. 캐럴은 크리스마스의 상징이며, 캐럴이라는 음악이 없는 크리스마스는 상상할 수 없다.

비단 성탄절에만 음악이 있으랴. 세상의 모든 음악이 우리 삶에 필수불가결(必須不可缺)한 절대 요소이다. 오늘날은 IT 기반스트리밍 덕분에, 언제 어디서나 한 번의 터치만으로 음악을 감상할 수 있다.

때로는 300여 년 전에 비발디(A. Vivaldi, 1678~1741)가 작곡한 〈바이올린 협주곡〉의 '사계'나, 200년 전에 베토벤(L. v. Beethoven, 1770~1827)이 작곡한 〈교향곡 9번〉 '합창'도 손가락 끝에서 완벽하게 울려 퍼진다. 그래서 우리는 음악을 시간예술이라 부른다. 과거의 시간이 현재와 중첩(重疊)되면서 새로운 나를 만들어가고 있기 때문이다.

오늘과 어제의 내 삶에 큰 변화가 없고, 내일의 삶도 뻔해 보일지라도 우리는 일보 전진하고 있다. 그렇게 세상을 살아내면서 지치고 힘이 들 때, 감당하기 힘든 고통과 마주할 때도 우리는 한 곡의 노래로 눈물을 흘리며 인생을 자의(恣意) 하기도 한다. 그래서 모 가수는 인생을 고전적 의미에 담아 이렇게 노래했다. "인생은 미완성 쓰다가 마는 편지, 그래도 우리는 곱게 써가야 해. 사랑은 미완성 부르다 멎는 노래, 그래도 우리는 아름답게 불러야 해."라고.

옛날꼰날이라는 의미의 '고전'은 클래식(classic)이라는 라틴어 클라시쿠스(classicus)에서 유래됐다. '클라시쿠스'라는 단어는 함대(艦隊)를 의미하는 클라시스(classis)에서 파생된 형용사이다. 일본의 미학자 이마미치 도모노부(今道友信, 1922~2012) 교수는 '단테『신곡』강의'를 통해 클라시쿠스는 로마가 위기 상황에 직

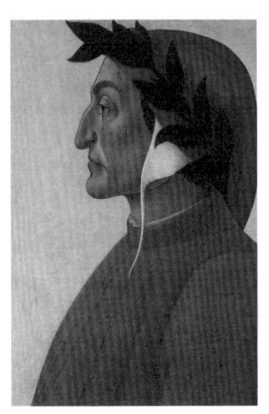

『신곡』. 이탈리아의 시인 단테(Alighieri, Dante) 자신이 작중 인물로 등장하여, 신의 은총으로 지옥의 심연에서부터 연옥과 천국까지 두루 편력하는, 영혼의 정화(淨化)를 그렸다. 〈지옥 편〉, 〈연옥 편〉, 〈천국 편〉의 3부로 되어 있으며, 1304년경부터 집필을 시작하여 1321년에 완성하였다.

면했을 때 나라를 위해 함대를 기증할 수 있는 부호들을 뜻한다고 설명한다.

이를 인간의 심미적 차원에 대입해 보면 국가적 위기가 아니더라도 인생사 굴절마다 어려움을 겪고 도움이 필요할 때, 위기를 극복할 수 있게 돕는 그 어떤 것들이 다 클래식이라는 것이다.

나를 응원하는 가족이, 친구가, 책이나 그림, 잠깐 스쳐 들었던 음악이, 심지어 십 분 전에 먹었던 라면 한 그릇이 누군가에겐 클래식이 될 수 있다. 현재는 클래식이 고전음악을 뜻하는 고유명사처럼 사용되기도 하지만 진정한 클래식은 나를 위로하는, 내가 의지할 수 있는 그 모든 것들이다. 세상에 쓸모없는 것은 하나도 없으며 다 그 쓰임대로 소비되고 있다. 그것이 클래식이라는 걸 깨닫지 못했을 뿐이다.

필자에게는 음악이 클래식일 때가 많다. 음악을 통해 위로받고 새로운 힘을 충전한다. 볼거리도 많고 즐길 거리가 넘쳐나는 요즘이지만 마음 한구석에 와닿는 음악이나 노래 한 곡이 눈물이 되고 기쁨이 되기 때문이다. 음악으로 생의 에너지를 얻고, 노래한 곡으로 삶이 더없이 풍성해진다.

최첨단 과학 문명이 세상을 천국으로 인도하는 사다리처럼 보이기도 하지만, 우리는 결국 한정된 시간 속을 살아가는 인간이다. 얼마 남지 않는 2022년, 지금까지 열심히 살아온 나와 가족, 그리고 이웃에게 위로와 감사를 전하자. 또한, 나만의 클래식을 선정해보자. 나에게 가장 의미 있는 음악과 노래로, 나를 위로하고 축복하는 특별한 크리스마스 선물을 보내자. 정말 잘 살아냈다고. 올 한 해 최선을 다해 살아온 나를 칭찬한다고. 오늘은 고요하고 거룩한 밤이다.

[전남투데이, 2022.12.21.]

제2부

2023년 - 시간을 담다

1. 광주가 빛나는 신년 음악회
2. 새해의 소망을 노래하다
3. 우리 모두는 최고의 예술가다
4. 봄을 노래하는 베토벤
5. 브라비! 시민오케스트라 - 광주
6. 노래를 부르자, 광주 시민의 노래를!
7. 팝콘처럼 맛있는 광주예술의전당
8. 무(無)에서 유(有)를 창출하는 호기심의 비밀
9. 이제 오페라(Opera)를 광주에 담다
10. 음악이 흐르는 문화도시 광주
11. 재생하는 문화도시 예술로 춤추다
12. 나만의 스타일, 새로운 나
13. 가을에는 노래하게 하소서
14. 클래식 음악은 절대 아름답지 않다
15. 요란하지 않게 차근차근

1.
광주가 빛나는 신년 음악회

2023년에도 변함없이 그 시작을 축하하고 서로의 안녕과 평화를 염원하는 신년음악회가 지구촌 곳곳에서 개최되고 있다. 그 중에서도 180년 전통의 오스트리아 '빈 필하모닉 신년 음악회(이하 빈 음악회)'는 단연 최고다. 1월 1일에 열리는 이 음악회는 클래식 애호가는 물론 새해를 맞이하는 전 세계인의 마음을 설레게 하는 특별한 이벤트(Flagship event)라 할 수 있다.

1941년부터 매년 무지크페라인(Musikverein) 황금홀에서 개최되는 빈(Vienna) 음악회의 특징을 몇 가지 살펴보자면, 첫째, 프로그램 대다수가 '요한 슈트라우스' 집안의 왈츠와 폴카 등의 활기차고 경쾌한 레퍼토리로 구성된다.

둘째, 공연 시즌마다 단원들의 투표로 그해의 지휘자를 선정하게 되는데, 이는 청중이나 음악에 관심 있는 이들에게도 매우 흥미로운 일이다. 작년에는 다니엘 바렌보임(D. Barenboim, 1942~)이, 올해는 프란츠 벨저 뫼스트(F. W. Most, 1960~)가 지휘봉을 잡

오스트리아 빈에 있는 콘서트홀 '무지크페라인(Musikverein)'

았다.

셋째, 앙코르곡은 여느 해와 같이 〈아름답고 푸른 도나우 강〉과 오스트리아의 전쟁영웅 요제프 라데츠키(J. Radetzky, 1766~1858) 장군의 이름을 딴 〈라데츠키 행진곡〉이 연주된다. 무엇보다도 마지막 곡인 〈라데츠키 행진곡〉이 울릴 때는 1,700여 명의 청중들 모두가 오케스트라 연주에 맞춰 손뼉을 치는 장관을 연출한다. 이런 전통은 1958년 이후부터 계속되고 있다.

요제프 라데츠키 기념비 [©위키미디어/C.Stadler/Bwag]

넷째, 빈 음악회는 90여 개 나라로 실황 또는 녹화중계 되고, 지구촌의 약 4천만 명이 이를 시청한다는 것이다. 한국에서는 KBS 한국방송을 비롯해 전국 38개 메가박스 영화관에서 빈 음악회를 관람할 수 있다. 특히 메가박스는 2013년부터 판촉홍보(promotion)를 시작한 이래 현재까지 약 6만 5천 명의 관객이 함께했다고 한다. 이처럼 빈 음악회는 전 세계인이 참여하는 중요한 이벤트로 확고히 자리 잡았다 해도 과언이 아니다.

우리는 오스트리아 수도인 빈을 음악의 도시라고 말한다. 음악에 관심이 많았던 합스부르크 왕가의 후원을 통해 모차르트를 비롯하여 베토벤, 브람스, 슈베르트, 요한 슈트라우스 등 수많은 음악가와 예술가들이 활약할 수 있는 터전을 만들어 냈고 오늘의 빛나는 예술의 도시로 탈바꿈시켰다.

365일 음악이 흐르는 빈은 전 세계인이 꼭 가보고 싶은 최고의 관광지로도 각광을 받고 있다. 특히 신년 음악회 기간에는 도시 전체가 축제 분위기에 휩싸여 거리마다 웃음소리가 끊이지 않는다. 오랜 역사와 빛나는 음악가들의 발자취가 오늘날 빈을 만들었겠지만, 그런 모습을 보고 있노라면 슬며시 배가 아파질 때도 있다.

한편, 광주에서도 매년 여러 기관에서 주최하는 신년 음악회가 열리고 있다. 올해는 광주시립교향악단이 1월 17일에 전남대학교 민주마루에서 제369회 정기연주회를, 같은 날 국립아시아문화전당재단에서는 국립심포니오케스트라를 초청해 ACC 신년 음악회를 개최한다. 또한, 2월 3일 빛고을시민문화관에서는 광주시립합창단의 신년 음악회가 열릴 예정이다.

이러한 음악회들은 단순한 공연을 넘어 새해의 시작을 알리고 희망과 평화의 메시지를 전하는 중요한 행사이다. 광주도 세계적인 규모는 아닐지라도 우리만의 이야기를 담아낼 수 있는 신년 음악회를 기획한다면 충분히 의미 있는 음악회로 발전시킬 수 있을 것이다. 그렇게 된다면 참 좋겠다.

광주시립합창단

　광주시립교향악단과 시립합창단을 비롯한 8개 시립예술단이 서로 협력을 이루고 한국을 대표하는 마에스트로가 지휘봉을 잡는다면 충분한 화제(issue)가 될 것으로 믿는다. 또한, 시민들에게는 또 하나의 문화적 자긍심이 될 것이다.
　광주가 화려한 수사(修辭)의 아시아문화 중심도시가 아니라 진짜 반짝반짝 빛나는 예술과, 음악과 문화가 숨 쉬는 공간으로 자리매김하기를 소망한다. 광주만의 특별한 이야기가 담긴 음악회, 빛나는 광주의 내일을 노래하는 신년 음악회를 말하는 것이다. 광주광역시의 희망찬 새해 메시지를 지구촌 곳곳으로 전달하는 2024년을 기대해 본다.

[선남일보, 2023.1.16.]

2.
새해의 소망을 노래한다

'베레쉬트(בראשית)'는 히브리어 성서의 첫 단어로 '태초', '처음', '시작' 등을 의미한다. 137억 년 전에 빅뱅에 의해 시간과 공간이 생겨나면서 태초가 되었다. 그리고 320만 년 전, 인류의 조상 '루시(Lucy)'가 세상에 등장하면서 인간의 문화(文化)가 시작된 것이다. 문화는 인간 활동의 시작이자 끝이라 해도 과언은 아니다.

사전에서는 문화를 '개인이나 집단을 이루고 있는 인간이 자연을 변화시켜온 물질적이고 정신적인 과정의 산물'로 정의한다. 문화가 없는 인간은 존재할 수 없고, 인간이 없는 문화도 있을 수 없다. 우리는 스스로를 '문화인'이라 자칭하며, 일정한 교육과 문화적 수준을 갖춘 '교양인'으로 여기고 있다.

어학 사전에서는 교양(敎養)을 '학문, 지식, 사회생활을 바탕으로 이루어지는 품위 또는, 문화에 대한 폭넓은 지식'이라 설명하고 있다. 하지만 실제로 우리가 진정한 문화적 이해와 교양인의 품위를 갖추고 있는지 의문이 들 때가 많다.

10.29 이태원 참사, 기억 소통 공간 "별들의집" [ⓒwww.1029act.net]

   길거리에서 들려오는 욕설, 한 치도 양보 없는 교통질서, 무심코 버려지는 담배꽁초와 길바닥의 침, 이러한 모습들은 보는 이의 눈살을 찌푸리게 한다. 더불어 매일 같이 뉴스에 실리는 살벌한 사건·사고와 차별과 혐오, 그리고 일부 정치인들의 몰상식한 언행이 우리의 눈과 귀를 의심케 하는 것이다.

   특히 요즘은 무엇 하나 책임지려는 사람이 없다. 국민 모두를 충격과 비통 속에 빠뜨렸던 10·29 이태원 참사조차 진상 규명은커녕 책임지려는 사람이 한 명도 없다. 국민 73.1%가 정부에 책임을 묻고 있으나, 그들은 여전히 침묵한다. 158명의 존귀한 생명이 별이 된 지 몇 개월이 지났음에도, 그들은 지금까지 변명만 늘어놓고 있다. 오히려 사랑하는 가족을 잃은 이들이 죄인처럼 느껴지는 참담한 현실이다.

   일찍이 김수환(金壽煥, 1922~2009) 추기경은 '내 탓이오'라는 스티커를 자동차 뒷면에 붙여주는 운동을 펼친 바 있다. '모든 것이 나로부터 시작되었다'라는 자기 고백은 인간을 인간답게 만드는 양심의 표현이다.

현대 사회에 이르러 공동체적 가치는 약화 되었고, 이웃에 대한 이해심과 배려는 이미 사라진 지 오래다. 철학자 니체(F. W. Nietzsche, 1844~1900)는 『차라투스트라는 이렇게 말했다』에서 교양인이라 자처하는 오늘날의 사람들을 '형형색색으로 치장한 교양의 속물'이라며 신랄하게 비판한 바 있다.

더욱이 오늘날에는, 이웃 공동체와 학교 교육 현장에서도 진정한 문화인과 교양인에 대한 수업이 거의 이루어지지 않고 있다. 먹고살기 위한 인력 배출에만 급급한듯하다. 최첨단 시대를 사는 우리는 손안에 움켜쥔 스마트 폰 하나에 열광하면서 세상 모든 것이, 여기에 다 담긴 것처럼 착각하고 있다. 설령 그럴지라도 이것만으로는 문화인이 되는 것은 아니다. 교양은 교육 수준이나 과학적 수치로 드러난 것이 아니기 때문이다. 교양은 인간의 품격 즉 사람다움이다.

문화나 교양은 아주 작은 것에 대한 실천이다. 뒤따르는 누군가를 위해 출입문을 잡아 준다든지, 실수로 몸을 부딪쳤을 때 먼저 사과를 하고, 대중교통 이용 시 자리를 양보하는 것. 이렇게 아주 소소한 실천에서부터 시작된다. 지위고하(地位高下)와 관계없이 스스로의 존엄을 잃지 않고, 남을 배려할 줄 아는 사람. 그가 곧 문화인이고 교양인이다.

　우리는 모두 2023년이라는 새로운 시간에 희망을 노래한다. 그 희망의 노래는 문화인과 교양인으로서 서로를 배려하는 애인(愛人)의 마음을 간직하는 것, 인간과 만물에 대한 측은지심을 갖는 것에서부터 비롯된다. 그것은 오늘의 나를 딛고 일어섰을 때 가능해질 수 있다.

　사람이 동물과 구별되는 것 중 하나는 인간은 영적 존재라는 것이다. 이러한 영적 존재에게는 신성한 의무가 주어진다. 그리고 그 의무는 끊임없는 문화적 함양을 통해서만 경감할 수 있다.

　오보영 시인은 "새해에는 다들 행복했으면 좋겠다. 어느 한쪽의 행복이 다른 한편의 불행이 아닌, 나의 행복이 바로 너의 행복이 되고 그의 행복이 곧 너의 행복이 되는 그런 축복이 내내 우리 모두에게 넘쳐났으면 좋겠다"라고 노래하고 있다.

[전남투데이, 2023.1.18.]

3.
우리는 모두 최고의 예술가다

 무에서 유를 창출한다는 것, 생각만 해도 가슴이 벅차고 멋진 일이다. 문화의 시작이 그렇듯 우리는 아무것도 없는 자연에서 서로의 다름을 이해하고 상호 소통을 통해 오늘의 문명을 일궈왔다. 이러한 일련의 인간 행위가 예술이며 과학이다.

 고대 그리스인들은 '예술(Art)'을 '테크네(Techne)'라고 정의했다. 테크네는 우주 만물을 관찰하고 그것을 활용해 가시적인 작품을 만들어 내는 행위이다. 영국 솔즈베리(Salisbury) 평원의 하늘을 찌르는듯한 스톤헨지나 이집트의 피라미드, 프랑스의 에펠탑 그리고 도심의 마천루(摩天樓) 등이 그 예일 것이며, 인간의 위대한 예술작품이라 할 수 있겠다. 우리는 '테크네'를 그저 '기술'이라는 단어로 번역하고 있지만 좀 더 숙의하면 '훌륭한 솜씨'를 뜻한다. 훌륭한 솜씨는 인간이 생존하기 위한 가장 기본적인 의·식·주(衣·食·住)의 근간이며 삶의 방식이다.

 결국, 인간이 행하는 모든 수고는 예술적 행위가 되는 것이

파리 에펠탑 [©pixabay]

고 그 행위는 표현으로 증명된다. 미켈란젤로(Michelangelo, 1475~1564), 모차르트(W. A. Mozart, 1756~1791), 빈센트 반 고흐(V. v. Gogh, 1853~1890)와 같이, 세기 최고의 예술가는 아닐지라도 말로 표현하기 힘든 어머니의 음식 솜씨, 자동차를 정비하는 사람의 손길, 병을 고치는 의술, 구두를 정성껏 수선하는 장인의 손재주도 모두 예술이라 할 수 있다.

수많은 사람들은 사회 곳곳에서 자신에게 맡겨진 일들에 최선을 다하고 있다. 우리는 이들의 훌륭한 솜씨에 엄지손가락을 치켜세우고 '예술'이라 감탄한다. 그러하기에 각자의 삶의 현장에서 주어신 소임을 충실히 해내는 우리는 모두 최고의 예술가다.

예술은 특정 소수만을 위한 기능(器能)이 아니다. 예술은 각자의 감성을 자유롭게 표출하면서 일상으로 흐르고(flow) 있기 때문이다. 이 흐름이 파동(波動) 되어 우리의 삶을 역동적으로 움직이는 원동력이 되고, 또 무한한 가치를 지닌 잠재력으로 축적되고 있다.

시민들의 문화예술 활동은 개인의 자아실현과 개성의 표현이며 공동체를 구현하는 요체(要諦)이다. 이렇듯 문화와 예술이 우리 삶에 깊숙이 스며들면서 삶의 질이 풍성해짐과 동시에 지역사회의 안정과 공동체 회복에도 이바지하고 있다.

이 때문에 문화를 소비하는 일반 시민들의 삶에 도움이 되는 다양한 대안들이 계속해서 제시되고 있다. 이러한 변화는 행정에도 영향을 미치고 있으며, 문화예술 향유가 단순한 여가가 아닌 국민의 기본 권리라는 인식이 더욱 강화되어 정책 방향도 이에 맞추어 바뀌고 있다.

이 시대의 흐름에 발맞춰, 광주광역시 문화정책도 '일상이 문화가 되고, 문화가 일상이 되는' 진정한 문화도시를 만드는 데 지혜를 모아야 할 때이다. 눈에 띄는 크고 화려한 건물도 중요하지만, 소소한 예술이 우리 생활 속에 자연스럽게 스며들 수 있는 대안들이 지속해서 마련되어야 한다.

소규모 음악회나 발표회는 마을 카페에서, 취미활동은 주민센터를 이용하고, 미술작품 전시와 감상은 유휴공간을 활용해보자. 또한, 작은 서점에서는 공통 관심사를 가진 사람들이 모여 독서토론이나 북콘서트를 개최하여, 마을에서부터 문화와 예술향유의 기반을 다지는 것이다.

  일상에서 생산되는 예술 인프라는 도시의 문화 수준을 향상하는 데 일조하게 될 것이며, 도시의 새로운 경쟁력을 창출해 낼 것이다. 민선 8기를 시작하면서 광주광역시가 시민들의 생활문화예술 활동을 지원하고자 공약했던 '생활문화 아트 벙커사업'도 이와 궤를 같이할 것으로 본다.

  각자 다른 모양과 예쁜 빛깔로 환하게 웃는 꽃들처럼 우리 광주도 타 지자체와는 다름을 뽐내며 광주만의 꽃을 피워야 한다. 광주 시민 모두가 문화적 소양을 토대로 단순 기술자가 아닌 멋진 예술가로 거듭나길 소망한다. 우리는 모두 아시아문화 중심도시의 자랑스러운 광주광역시민이기 때문이다.

[전남일보, 2023.2.20.]

4.
봄을 노래하는 베토벤

"오 내 사랑 목련화야, 그대 내 사랑 목련화야, 희고 순결한 그대 모습, 봄에 온 가인과 같고" 드디어 겨울이 지나갔다. 매화가 첫 꽃망울을 터트리면서 노오란 산수유가 점점이 피고, 담장 너머 개나리는 아기 같은 손을 흔들며 웃고 있다. 곧 목련도 환한 미소로 인사할 것이다. 발걸음이 한결 가벼워지고 콧노래가 절로 나온다. 알록달록한 색채에 담긴 향기는, 겨울의 춥고 무거웠던 기억을 말끔히 씻어주는 듯하다.

지난겨울은 유난히 춥고 고단했다. 끝을 알 수 없던 기나긴 COVID-19의 터널, 불안정한 경기 지표들, 세계 곳곳에서 벌어지는 전쟁과 자연재해. 인간의 존엄마저 위협하는 수많은 질곡의 시간을 마주하며, 봄은 참으로 멀게만 느껴졌었다. 하지만 어김없이 봄은 다시 찾아왔고, 언제나 그랬듯 인간은 위기 속에서 새로운 희망을 그려냈다. 한 치 앞도 보이지 않았던 어둠 속에서도, 우리는 사랑하는 이들을 위해 묵묵히 앞을 향해 걸어왔다

역사의 선각자들도 시대정신에 부응하기 위한 끊임없는 질문에 답했었고 수많은 역경에도 희망을 노래했다. 고전주의 시대를 대표하는 베토벤(L. v. Beethoven, 1770~1827)도 시·공간을 넘나들며 많은 이들에게 새로운 이정표를 제시했다.

베토벤은 1770년 12월 16일, 독일 쾰른에 있는 본(Bonn) 시의 가난한 집 다락방에서 태어났다. 어린 시절에는 주정뱅이 가수였던 아버지로 인해 고생했었고, 열일곱 살 때 어머니의 죽음으로 실질적인 가장(家長)이 되었다. 세상은 그를 평범한 음악가로 살아가게 놔두지 않았다. 하지만 베토벤은 자신의 목적지를 향해 쉼 없이 달렸고, 내면의 자존감과 시대를 향한 연민(惻隱之心)으로 인류사에 길이 남을 음악가로 다시 태어났다.

공화주의적 이상을 사랑한 청년 베토벤은 한때 인간의 자유와 평등을 구현할 현실적 영웅으로서 나폴레옹(B. Napoleon, 1769-1821)을 흠모한 적도 있었다. 1804년경 청력을 잃어가던 그는 약 2년에 걸쳐 〈보나파르트 나폴레옹〉이라는 교향곡을 작곡하여 나폴레옹에게 헌정하려고도 했다. 그러나 나폴레옹이 스스로 황제에 오르자 분노하여 악보 표지를 찢어버렸다고 전해진다.

과거 1789년부터 1799년까지 이어진 프랑스 대혁명은 '모든 인간은 평등하다'라는 실천 운동에 불을 지폈고, 인간 존엄과 보편타당한 사랑의 가치가 베토벤으로 하여금 교향곡 9번으로 새로운 발자취를 남기게 했다. 정식 명칭은 〈교향곡 제9번 라단조

Beethoven-Haus Bonn. 베토벤 박물관으로 운영 중인 생가 내부

작품번호 125〉이다. 일정 교육을 받은 사람이라면 〈합창〉이라는 곡을 틀림없이 들어봤을 것이며 지금도 누군가에 의해 연주되고 감상하고 있을 것이다.

이 곡은 실러(J. C. F. Schiller, 1759~1805)의 시 『환희의 송가(An die Freude)』에 곡을 붙였다. "즐겁게, 하나님의 태양들이 하늘의 찬란한 계획을 따라 날아가듯 달려라, 그래, 이 땅 위에서 한 영혼이라고 불리는 자 모두 환희의 노래를 부르자!." 무려 11년이라는 시간의 최선으로 그가 작곡한 아홉 번째 교향곡이자 마지막 교향곡이다. 지금까지 작곡된 교향곡 중 가장 뛰어난 작품이며 그의 신념과 철학의 정수(精髓)일 것이다.

베토벤은 고전파 음악을 대표하는 주체적인 음악가이며, 또 새로움을 설계하는 창조적 주체성의 표상(icon)이다. 곡의 전개 방식에 대한 끊임없는 노력과 화성, 악기 배치 등 새로운 실험을 통해 고전주의 형식을 완성했으며, 이러한 혁신은 곧 낭만주의 음악에도 지대한 영향을 미쳤다.

뜨거웠던 가슴을 지니고 있었던 청년 베토벤. 자신이 앓고 있던 귓병이 그를 잠식했지만, 그의 불굴의 의지와 신념은 오늘날 인간 승리의 상징이며, 인류의 위대한 유산이다. 그의 음악들은 여전히 살아 숨 쉬고 있다.

그가 세상과 이별을 고한 1827년 3월 26일은 어두웠고 창밖에는 진눈깨비가 내렸다고 한다. 하지만 오늘의 베토벤은 봄날의 꽃이 되어 활짝 웃는다. 루트비히 판 베토벤은 세상과 작별한 지 200여 년이 되어 가지만 그는 언제나 우리와 함께할 것이며 그의 음악 또한 변함없이 연주될 것이다. 그는 모두의 친구이며 근대 예술의 영웅이다.

[전남투데이, 2023.3.15.]

5.
브라비! 시민오케스트라 - 광주

    문명이라는 단어 '시빌라이제이션(civilization)'은 일반적으로 인간의 지혜로 인해 사회가 정신적, 물질적으로 진보된 상태를 말한다. 문명은 단순히 도시의 크고 화려한 건물만을 지칭하지 않는다. 문명은 인간의 역사이자 정신(精神)이며, 그 근간에는 문화와 예술이 존재하고 있다.
    오늘날의 문화와 예술은 한 나라의 수준과 시민들의 삶의 질을 판단하는 개괄적 지표가 되었다. 시민들의 문화·예술 향유는 개인의 '행복추구'라는 니즈(needs)를 바탕으로 공동체에 긍정적 가치를 부여하고 있으며, 동시에 국가 성장 동력의 중심축으로 자리 잡고 있다 해도 과언은 아닐 것이다.
    근자에는 예술의 경계가 모호해지면서 전문가와 비전문가라는 이분법적 가름이 불필요하게 되었고, 프로(pro)보다 더 프로다운 오타쿠(おたく)적인 생활 예술인들을 주위에서 쉽게 만날 수 있게 되었다. 시민들이 문화를 직접 창조하는 과정에서 예술이라는

높다란 장벽이 허물어진 것이다. 이제 더 이상 특정인을 위한 예술은 없다.

지금의 예술 활동은 개인의 인지적이고 정서적인 주관성을 뛰어넘어 일반적이고 지역적인 공동의 가치를 형성하는 데 일조하고 있다. 그뿐만 아니라 건강하고 건전한 삶을 추구하고자 하는 일상에도 긍정성을 보인다.

그중 음악은 효율성과 활용도가 뛰어나 많은 사람이 쉽게 접근할 수 있는 대표적인 취미활동 중 하나이며, 특히 악기를 활용한 취미생활은 두뇌 활동을 촉진하고 창의성과 사회성, 성취감 등을 향상하는 데 뛰어난 효과가 있는 것으로 알려졌다.

한때 고급예술의 대표 장르였던 오케스트라 활동도 지금은 나이와 계층의 관계없이 누구나 쉽게 접할 수 있고, 그러한 활동은 클래식 음악의 대중화를 열어가는데도 일익을 담당하고 있는 듯하다. 주위를 살펴보면 피아노와 바이올린 등을 배우는 어린 학생들부터 머리가 희끗희끗한 중·노년들까지 여러 악기를 배우고 연주하는 모습들은 이제 일상이 되었고 그 수도 계속해서 늘어나는 추세다. 남녀노소를 막론하고 음악을 벗 삼아 활력있는 풍요로운 삶을 구가(謳歌)하는 것이다.

오케스트라는 서양음악에서 가장 큰 규모의 악기편성으로 16세기 말부터 수 세기 동안 시민들의 지속적인 관심과 사랑에 힘입어 꾸준히 성장하고 발전해왔다. 광주광역시는 1976년에 '광

광주시립교향악단 [ⓒ광주시립교향악단]

주시립교향악단'이 처음 출범했고, 현재는 약 70여 명이 넘는 연주자들이 연간 70회 이상의 공연을 무대에 올리고 있다. 연주회마다 전 객석이 매진되는 장사진을 이룬다.

민간에서도 어린 학생들이나 청소년을 대상으로 베네수엘라의 '엘 시스테마(El Sistema)'를 모형으로 한 '꿈의 오케스트라'가 구성되었고, 2008년에 창단된 '광주YMCA 드림 청소년오케스트라'도 활발한 연주 활동을 하고 있다. 이 밖에도 일반 직장인들로 조직된 '베누스토 심포니 오케스트라' 등을 포함한 수십 개의 다양한 아마추어 오케스트라들이 일상에서 역동적인 연주 활동을 펼치고 있다.

이러한 음악 활동은 광주를 아시아문화중심도시의 예술적 품격과 가치를 높이는 매개 활동인 동시에 건강한 공동체를 다지는 초석이 될 것으로 보인다. 특히 '벽장 속 악기를 꺼내자'라는 구호로 시작된 ACC 국립아시아문화전당재단의 '시민 오케스트라-광주'도 올해로 8년째를 맞는다. 단원은 100여 명으로 위로는 여든이 넘은 어른에서부터 아래로는 초등학교 4학년까지, 엄마와 아빠 그리고 아이들까지 참여하는 찐 시민 오케스트라로 구성되었다.

지금까지 악기 연주에 관심 있는 이들의 흔적들이 켜켜이 쌓여 오늘의 시간을 만들어 냈으며, 앞으로도 이러한 적극적인 예술 활동은 각자의 삶에 긍정적 에너지로 스며들게 될 것으로 확신한다.

2023 ACC 시민오케스트라. 150여 명의 지역 생활예술 음악인들이 연주자의 꿈을 이루기 위해 8개월 동안 전문 음악인들의 지도 아래 연습을 거쳐 선보이는 연주회 [ⓒ국립아시아문화전당재단]

문화예술은 시대를 나타내는 기호이다. 이미 선진 시민들은 각양각색의 취미활동을 기반으로 풍요로운 삶을 향유하고 있다. 이제 우리 광주도 광주만의 문화 기호를 통해 삶의 의미와 문화적 가치를 되새김하고 앞날의 비전을 만들어 갔으면 한다. 그래서 언제 어디서는 음악이 흐르는 광주, 내일이 빛나는 문화도시 광주로 자리하길 희망해 본다.

[전남일보, 2023.3.20.]

6.
노래를 부르자, 광주 시민의 노래를!

 필자는 가끔 고등학교 동창 모임에 참석한다. 졸업한 지 30년이 넘었지만, 그 시절 아름다웠던 이야기는 끝이 없다. 웃음을 나누며 서로의 안부를 묻고, 또 다른 추억을 만들어 간다. 그리고 모임의 끝으로 손을 흔들며 다음을 기약하고, 때로는 교가를 큰 소리로 제창하며 의기를 다진다. "아늑한 보금자리 무등산을 등지고, 기름진 넓은 평야 포근히 안았도다." 중년을 넘어선 몇몇 아저씨들의 우렁찬 내지름에 음정이나 박자는 그리 중요한 문제가 아니다. 그저 오래된 시간을 소환해 서로의 일체감을 확인하고 허물없는 즐거움을 나누는 것이다. 어깨동무로 서로 의지하며 부르는 노랫소리가 문지방을 넘어갈 때쯤, 지켜보는 이들에겐 민폐일 수 있겠으나 때론 웃음을 선사하기도 하고 또 지난 시간으로 동승하게 한다.
 대부분 학교는 저마다 교표(校標)와 교가 등으로 그 학교를 상징하고 정체성을 드러내는데, 그중 교가는 노래라는 형식을 빌려

건학 이념이나 면학 정신을 학생들에게 쉽게 전달하는 수단으로 쓰이고 있다. 졸업생들도 교가를 부르며 애교심을 되새기고 동질감을 회복한다.

비단 교가뿐만이 아니다. 올림픽 경기나 월드컵 경기 등 세계적인 스포츠 경기를 포함한 국가 간의 경쟁에는 어김없이 그 나라를 상징하는 국기와 국가가 등장한다. 특히 선수들의 입·퇴장은 물론이고 시상식이 거행될 때에는 하늘 높이 휘날리는 국기를 바라보며 가슴에 손을 얹고 한마음으로 자국의 국가를 제창한다.

이는 피부색이나 출신 등과는 관계없이 서로를 위로하고 격려하는 것이다. 이때 부르는 국가는 온 국민을 하나로 묶는 마법의 노래가 된다. 모든 나라의 국가는 그 나라와 민족의 정체성을 담고 있으며 우리 '애국가'도 민족의 건국이념과 자주 의식을 만방에 드러내는 나라 사랑의 상징적 매체이다.

또한, 다양한 기념일마다 그날의 의미를 되새기는 노래를 부르게 되는데, 이러한 전통은 각 기념일의 정신을 되새기고, 공동체의 정체성을 강화하는 중요한 문화적 요소로 자리매김하고 있다. 노래를 통해 과거를 기억하고, 현재를 살아가고 있기 때문이다.

5월에는 어린이들이 슬기롭고, 씩씩하게 성장하기를 기원하는 〈어린이날 노래〉와 "낳으실 제 괴로움 다 잊으시고 기르실 제 밤낮으로 애쓰는 마음"으로 시작되는 〈어버이 은혜〉, 그리고 올바른 가르침과 배움의 기쁨을 주신 선생님들을 위한 〈스승의 노래〉가

광주 시민의 노래

그 예일 것이다.

일반적으로 '노래'를 정의할 때 가사에 곡조를 붙여 목소리로 부를 수 있게 만든 음악으로만 생각할 수 있겠으나, 내면을 들여다보면 창작자의 끊임없는 관조(theōria)를 통해서 완성되는 예술작품이라 할 수 있겠다. 이러한 노래는 시공간의 기호이며 의미체(意味體)이기 때문이다. 모든 이들을 하나로 묶는 소통의 도구이자 신호(signal)인 것이다. 때로는 의지와 결의를 다지기도 하고 스스로 자긍심을 구가(謳歌)해 나가기도 한다.

우리 광주광역시에도 1987년 길옥윤(吉屋潤, 1927~1995)이 작곡하고 박홍원(朴烘元, 1933~2000)이 작사한 〈광주 시민의 노래〉가 있다. "무등산 등성이에 햇빛 퍼지면 가슴마다 희망의 샘물이 솟고" 하지만 이 노래를 시민들은 물론 공무원들조차도 아는 사람들은 별로 많지 않다. 〈광주 시민의 노래〉를 꼭 알아야 하는 것은 아니며 그 노래를 부른다고 해서 애향심이나 지역에 대한 자긍심이 갑자기 생기는 것도 아닐 것이다. 하지만 공동체를 이루는 집합체는 대부분 유기적 관계성을 드러내는 기호들을 가지고 있으며 그 기호가 〈광주 시민의 노래〉일 수도 있다는 생각을 하는 것이다.

광주와 무등산을 소재로 하는 대중가요들도 많이 있다. 고무적인 일이기는 하나 유행가는 시간이 지나면 대중에게서 멀어진다는 취약성도 동시에 가지고 있다. 따라서 이제라도 시민 모두가 광주의 노래를 불러보길 희망해 본다. 세대를 불문하고 품격 있는 광주만의 비전을 담아 세계만방에 외쳐 부르는 것이다. 〈광주 시민의 노래〉도 시민들에게 사랑받는 또 하나의 예술적 행위로 작동하길 소망하는 것이다.

[전남일보, 2023.4.25.]

7.
팝콘처럼 맛있는 광주예술의전당

    영화 〈웰컴 투 동막골〉은 한국전쟁을 배경으로 제작된 코믹영화로 2005년에 개봉됐다. 필자에게 가장 인상 깊게 남는 장면은 한국군과 인민군의 대치 과정에서 곡식 창고로 굴러 들어간 수류탄이 터지고, 창고 안에 있던 옥수수들이 팝콘이 되어 눈처럼 쏟아지는 장면이었다. 굶주림에 떨며 배를 움켜쥐고 서로의 눈치만 보고 있을 때 팝콘이란 귀한 양식이 하늘에서 사방팔방으로 떨어지는 것이다. 엄혹한 상황에서 잠시 허기를 잊을 수 있게 하는, 현실의 참혹함을 잊게 하는 환상적이고 아름다운 이 장면은 영화 속 모두를 행복하게 했다. 팝콘은 모두에게 믿음이고 예술이었다.

    우리는 일반적으로 선진국을 정의할 때 1인당 국민소득이나 경제적 수치 또는 복잡한 산업구조에만 의미를 두지 않는다. 많은 팝콘이 쏟아지고 천혜 자원이 넘쳐날지라도 그리고 제아무리 소득이 높을지라도, 우리는 문화와 예술, 언론 자유, 인권, 환경 등 비물질적 가치들이 객관화되지 않을 때는 그 나라를 진정한 선진국이라 부르지 않는다.

그러하기에 문화와 예술은 '선진(先進)'이란 그림을 그리기 위한 밑그림(sketch)이라고 할 수 있겠다. 이러한 사회적 분위기는 1985년에 개최된 유럽연합 각료회의에서 '문화도시'라는 의제(agenda)가 등장하면서부터다. 여기에서는 문화도시의 선정기준을 첫째, 도시의 잠재력을 기초로 한 미적 아름다움을 제시하고 있는지를 살피고 둘째, 문화적 보전과 인간중심의 공공 인프라를 점검한다. 마지막으로는, 그 도시를 대표하는 특정한 색(色)이 얼마나 잘 나타나고 있는지도 살피는 것이다.

결국, 문화도시의 핵심요소는 시민들이 얼마나 문화적이고 예술적인 삶을 향유하는지에 의의를 두고 있다. 즉 삶의 만족도에 관한 내용이며 행정이 이를 얼마큼 관심을 두고 뒷받침하느냐에 귀결되는 것이다.

광주는 문화예술의 도시라고 한다. 수많은 예술의 선각자들이 광주를 터전으로 지속 가능한 입지를 다져왔으며, 오늘의 울창한 문화도시라는 시대정신을 만들어 냈다. 이를 증명하듯 1991년에 문을 연 광주문화예술회관(이하 회관)은 32년 만에 시설 노후화에 따른 리모델링 공사를 마치고 다음 달 6월에 재개관을 할 예정이나. 그뿐만 아니라 회관의 이름도 광주시의 시민소통 플랫폼 '광주온(ON)'의 설문을 거쳐 '광주예술의전당'이라는 이름으로 새로운 옷을 입게 되었다. 광주 예술의 심장부 역할을 해왔던 '회

광주예술의전당 [©플레이광주]

관'이 이제 '광주예당'으로 탈바꿈한 것이다.

회관은 지금까지 소속되어 있는 8개 시립예술단체(교향악단, 창극단, 발레단, 국악관현악단, 합창단, 소년소녀합창단, 극단, 오페라단) 300여 명의 단원들과 끊임없는 프락시스(prāxis)로 다양하고 수준 높은 공연들을 펼쳐 왔었다. 그리고 앞으로도 시민들의 풍요로운 삶을 위해 최선을 다하게 될 것이다. 이들 전문 예술단체들은 재개관을 앞두고 특별한 기획공연을 준비 중이다.

첫 번째로는 6월 11일 회관 대극장에서 120년의 역사를 자랑하는 '빈 심포니 오케스트라'의 공연이 무대에 올려진다. 마에스트라 장한나(HanNa Chang, 1982~)가 지휘봉을 잡고 피아니스트 브루스 리우(Bruce Liu, 1997~)가 협연자로 출연해 '베토벤 교향곡'과 '피아노 협주곡'을 연주할 예정이다. 두 번째 공연으로는 모리스 마테를링크(M. Maeterlinck, 1862~1949)의 원작인 『파랑새』가 미디어아트 뮤지컬로 구현된다. 세 번째는 유키 구라모토(倉

광주예술의전당 [©플레이광주]

本裕基, 1951~) 콘서트 'Dear Heart'에 이어 네 번째, '도이치 방송 오케스트라' 공연이 예정되어있다. 모두가 기대되는 작품들이며 광주를 한층 돋보이게 할 것이다.

이제 회관은 그동안의 고된 인내의 결실을 '광주예술의전당'이란 이름으로 시민들과 하나하나 거두게 될 것이다. 광주만의 아름다운 예술, 광주만의 특별한 문화를 시민들과 함께 만들어 갈 것으로 보인다. 화려하지 않을지라도 광주다움의 예술이 팝콘 되어 하늘에서 비처럼 눈처럼 쏟아지리라 확신한다. '광주예술의전당'의 꽃 잔치가 이제 곧 펼쳐지는 광주광역시를 소망해 본다.

[전남일보, 2023.5.18.]

8.
무(無)에서 유(有)를 창출하는 호기심의 비밀

 문화예술의 시작은 인간의 호기심(好奇心)에서 시작됐다. 기독교 성경 창세기에 의하면 하나님이 아담과 하와에게 "선과 악을 알게 하는 나무 열매는 절대로 따먹지 마라. 그것을 따먹는 날, 반드시 죽는다."라고 경고했었다. 하지만 호기심 많은 하와는 뱀의 유혹에 넘어가 선악을 구별하는 열매를 먹고 만다. 죽음도 하와의 호기심을 막지 못했던 것이다. 인간의 역사는 이러한 호기심에서 비롯되었다 해도 과언은 아닐 것이다.
 호기심을 사전에서는 '새롭고 신기한 것을 좋아하거나 모르는 것을 알고 싶어 하는 마음'이라고 설명한다. 어떤 것에 대한 궁금한 마음, 이유나 과정에 의문을 갖고 끊임없는 질문과 답을 찾기 위한 숙고와 노력이 오늘날의 문화와 예술을 만들어 낸 것이다. 아인슈타인(A. Einstein, 1879~1955)은 "나는 천재가 아니다. 다만 호기심이 많을 뿐이다."라고 말했다.
 알고자 하는 욕망, '저 산 너머에는 무엇이 있을까?'에서 시작

1969년 7월 20일 아폴로 11호의 달 착륙

한 인간의 호기심은 '저 달에는 정말 토끼가 살고 있을까?'라는 위대한 궁금증을 만들어 냈고, 드디어 1969년 7월 20일 아폴로 11호가 달 표면에 안착하게 된다. 인간의 끊임없는 호기심은 먹고사는 기본적 욕구 충족과 생존의 차원을 넘어서 인간 존재성에 대한 자문이며 형이상학적(形而上學的) 실천이다.

이러한 인간의 열정적인 호기심이 수많은 과학자와 예술가를 비롯한 창의적인 인간을 만들어 냈고 오늘날에도 새로운 '창조' 또는 '혁신'이란 이름으로 세상을 변화시키고 있다. 특히 영적 에너지를 만들어 내는 예술가의 쉼 없는 자기 고뇌는 호기심이란 이름으로 단순 생물학적 인간(Homo)을 지적이고 감동하는 사람(human)으로 탈바꿈시켰다.

1952년 8월 29일, 뉴욕주 우드스톡(Wood Stock)의 매버릭 콘서트홀에서 공연된 존 케이지(J. Cage, 1912~1992)의 〈4분 33초〉

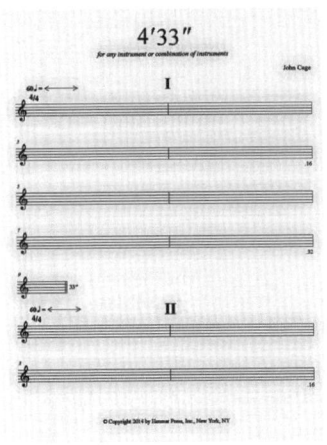

존 케이지, 〈4분 33초〉 음악 지시문 및 악보 [©Henmar Press Inc.]

는 우리에게 침묵 즉, 없음을 곧 있음으로 표현하는 이정표를 남겼다. 연주자는 의자에 앉아 피아노 뚜껑을 열고 악보를 펼쳤지만 4분 33초가 다 될 때까지 피아노 건반은 건드리지 않았다. 시간이 지남에 따라 뚜껑을 3번 여닫기만 하다가 자리에서 일어나 무대 뒤로 사라진 것이다.

당시에는 관객들의 비난과 수많은 논쟁을 불러일으켰음에도, 케이지는 "내 작품에는 음악은 없지만, 우발적인 소리들로 꽉 차 있다."라고 주장했다. 우연적 요소를 통해서 새로운 음악의 개연성을 만들어 낸 그는 당시 유럽 음악가들에게 지대한 영향을 미쳤고 오늘날에도 그의 행적은 새로움의 표상이 되고 있다.

1917년 마르셀 뒤샹(M. Duchamp, 1887~1968)은 평범한 남성 소변기에 '샘(Fountain)'이란 이름을 부여하고 지극히 평범한 소변기를 특별한 예술작품으로 거듭나게 했다. 당시 많은 사람들은 "이러한 것도 예술이 되는가?"라는 질문을 던지며 예술에 대한 모독이라고 혹평을 했지만, 그는 기성품인 남성 소변기에 예술이라는 색다른 의미를 부여함으로써 20세기 미술의 전환기를 만들어 냈다.

창발자들의 상상은 끝이 없는 창공을 작은 손바닥에 올려놓을 수도 있으며, '무(無)'에서 '유(有)'를 만들어 내는 신(神)적인 능력을 발휘하곤 한다. 그리하여 역사는 발전하고 진보하고 있으며 오늘의 시·공간에 답하고 있는 것이다.

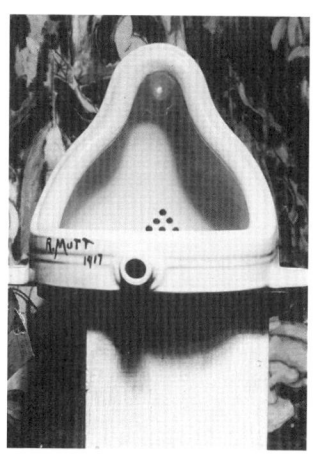

알프레드 스티글리츠, 마르셀 뒤샹의 '분수', 젤라틴 실버 프린트, 1917 [ⓒmuseumtv.art]

호기심은 눈에 보이지도 않고, 손에 만져지지도 않으며, 냄새를 맡을 수 없는 심오한 곳에서부터 시작된다. 호기심이란 이름의 예술작품들은 수치나 도식으로 나타낼 수 있는 정형의 틀이 아니다. 그래서 예술은 정답은 없다. 그때그때 상황에 마음이 가는 데로, 마음이 정하는 대로 답을 찾아가는 것이다. 그래서 예술은 단순 모방(mimēsis)이 아닌 영감의 표현이라고 한다.

우리의 작은 호기심에서 시작한 상상의 나래는 앞으로도 세상을 변화시키며 위대한 문화와 예술로 계속해서 거듭날 것이다. 지금부디 호기심! 그 비밀의 문을 우리가 다 같이 열어보자.

[전남일보, 2023.6.19.]

9.
이제 오페라(Opera)를 광주에 담다

　얼마 전, 오페라 〈사랑의 묘약〉이 광주예술의전당에서 성황리에 공연되었다. 주인공 '네모리노'가 떠돌이 약장수 '둘카마라'에게 속아 값싼 포도주를 사랑의 묘약인 줄 알고 사다 마신 뒤, 여러 우여곡절을 겪어내면서 마음속에 간직한 '아디나'와의 사랑을 결국에는 이뤄낸다는 해피엔딩의 희가극이다.
　가에타노 도니체티(G. Donizetti, 1797~1848)가 작곡한 이 작품은 1832년 이탈리아 밀라노에서 초연된 이후 190여 년이 지난 지금의 2023년까지도 변함없이 많은 사랑을 받고 있는 낭만주의 오페라 중 하나이다.
　오페라는 이탈리아어로 '작품' 즉 '오페라 인 무지카(Opera In Musica)'라는 뜻을 가지고 있다. 고대 그리스의 정신을 예술로 되살리려는 르네상스 시대의 또 하나의 산물로 이탈리아 르네상스의 융·복합적 예술의 새로운 결실이다. 통상적으로 오페라를 음악이 있는 연극이라 말한다. 하지만 연극과는 몇 가지 차이를 들

광주시립오페라단 2023 송년공연 〈월드 클래식 오페라 시리즈Ⅲ〉〈라 보엠〉中 [ⓒ국립아시아문화전당]

수 있다.

예를 들자면 첫째, 오페라는 대사를 대부분 노래로 처리한다는 점과 둘째, 작품에 따라 정교하고 웅장한 무대 세트를 설치하고 셋째, 오케스트라가 시종일관 직접 연주를 한다는 점이다. 즉 오페라는 독창과 중창, 합창, 관현악 등 모든 자원의 문화적 요소를 활용해 무대장치에 결합하는 종합예술인 것이다.

오래전부터 로마와 베네치아는 오페라 전용 극장을 건립했다. 1632년 로마는 3000석 규모의 바르베리니(Barberini) 극장을 개관했고, 1637년에는 세계 최초 상업극장인 산 가시아노(Teatro San Cassiano)를 세웠다. 당시 일반인들은 한화로 500원 정도의 가격으로 공연을 관람할 수 있었다. 1641년 15만 정도의 인구가

서울 〈예술의 전당〉 오페라극장. 2200여 개의 객석을 갖춘 오페라하우스의 대표 극장 [©예술의전당]

있던 베네치아는 오페라하우스가 네 개나 있었고 1670년대에는 무려 아홉 개나 되는 오페라하우스에서 200편이 넘는 공연들이 초연되었다.

우리나라 최초 오페라하우스는 서울의 '예술의전당'이다. 예술의전당은 88올림픽 개최지가 서울로 결정되면서 민족문화예술의 부흥과 시민들의 문화예술 향유를 목적으로 1984년에 기공식을 열고 1988년에는 음악당을, 1993년에는 오페라하우스를 개관했다.

2003년 대구에서는 1500석 규모의 오페라하우스가 세워졌고 같은 해 대전에서도 오페라 공연 등이 가능한 문화예술의전당을 개관했다. 부산도 2026년 '진주를 품은 조개' 모양의 오페라하우스를 개관하기 위한 공사가 한창이다.

반면 광주는 1517석 규모의 광주예술의전당을 비롯해 715석

부산 〈오페라하우스〉 공모전 당선작 조감도 [ⓒ부산국제건축문화제]

규모의 빛고을시민문화관 등, 크고 작은 극장을 다수 보유하고 있다. 하지만, 이들 공간은 오페라나 클래식 음악을 위한 전문공연장이 아니기에, 여러 장르의 복합공연이나 다양한 행사 등에 폭넓게 사용되고 있다.

현재 광주의 공연장들을 아주 오래전, 시점이 다른 1600년경의 2000석, 3000석 규모의 유럽 오페라 하우스들과 비교할 수는 없지만, 문화 융·복합 시대의 150만 광주광역시의 현실에 비춰볼 때 그리 녹록하지는 않은 것 같다. 오페라하우스는 물론이고 분야별로 노래하고 연주할 수 있는 전문 콘서트홀이 한 곳도 없기 때문이다.

그나미 다행인 것은, 최근 민선 8기 시정(施政)이 강한 의지와 관계 기관의 일관된 행보로 광주에도 오페라하우스를 건립하자는 여론이 형성되고 있다. 시민들의 눈높이에 맞는 문화예술 향유와 시대정신에 이목이 쏠리는 것이다.

　오페라는 시·공간을 뛰어넘어 시민들에게 가장 많은 사랑을 받는 예술 장르 중 하나이며, 역사 속에서 시대와 교감하고 새로운 변화로 성장 발전하는 예술의 총아이다. 또한, 오페라하우스는 공연을 관람할 수 있는 단순 공간의 문제가 아니라 한 나라의 문화예술 수준을 나타내는 상징성과 시대정신이라 할 수 있겠다.

　이제 곧 세워질 광주 전문 오페라극장에서도 〈사랑의 묘약〉을 비롯해 〈투란도트〉, 〈아이다〉, 〈나부코〉 등 세계적인 대형 오페라 작품을 관람할 수 있을 것이다. 이는 문화수도 광주를 재정립하고 그 가치를 만방에 알리는 기회가 될 것이라 믿는다.

[전남일보, 2023.7.24.]

10.
음악이 흐르는 문화도시 광주

　도시는 사람이 모여 공동체를 이루며, 상호 다양성을 바탕으로 성장한다. 원시인과 같았던 인간이 도시를 형성하고 서로 위로하며 문화적 형상(形象)을 만들어 가는 최선의 노력이 예술인 것이다. 예술은 인간의 본성이며 각자의 특성 즉, 나름의 이미지나 모습으로 삶의 터전을 구축하고 있다. 이를테면 파리는 예술의 도시, 피렌체는 르네상스의 발상지, 빈(Vienna)은 음악의 도시 등으로 불린다. 이 밖에도 세계 많은 도시는 각각의 개성을 뽐내며 다채로운 색감을 자랑하고 있다. 이와 같이 도시를 만들어 가는 다양한 문화와 예술은 단순한 그 무엇이 아니며 끊임없이 정보를 생산하고 조직하여 삶의 의미를 형성하는 창조의 작동원리(mechanism)라 할 수 있겠다. 그래서 문화와 예술은 인간의 삶에 필수적인 기호이며 상징체계의 총합이다.

　그 과정에서 '음악'은 음(音)을 소재로 인간다움을 미적 가치로 승화시키는 중요한 철학이자 실천을 위한 도구이다. 음악이 없는

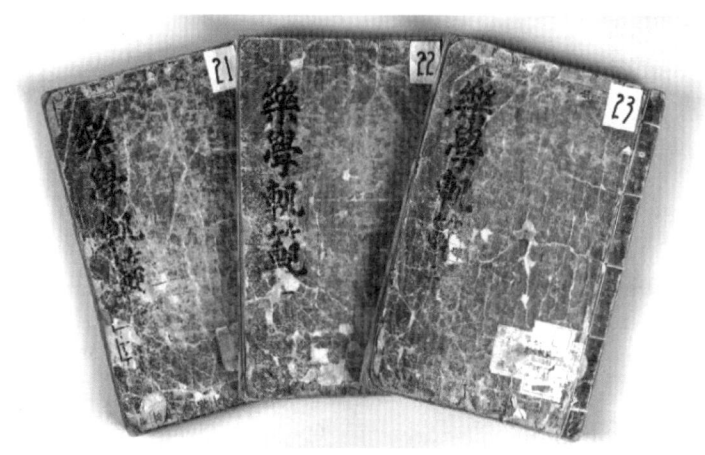

1743년 복간된 조선시대 악서 〈악학궤범〉 [ⓒ국립국악원]

삶은 상상조차 할 수 없고 존재할 수도 없는 일이다. 음악은 인간이 본래부터 가지고 있는 고유한 성질이며 그 자체이기 때문이다.

성종 24년에 유자광(柳子光, 1429~1512)을 비롯한 여러 학자가 저술한 음악이론서 『악학궤범(樂學軌範)』 첫머리에 '음악이라고 하는 것은 하늘에서 내려와서 사람에게 머물며, 또 텅 빈 곳에서 나와 자연 안에서 이뤄진다.'라고 했다. 소리로 만들어진 음악의 근원은 알 수 없지만, 예전에도 그랬고 지금도 변함없이 우리와 늘 함께하고 있다. 음악이 우리의 삶 그 자체인 것이다.

사람을 위한 음악은 우리의 영혼을 위로하며 감동을 전하는 관계 속에서 완성된다. 필요에 따라서는 적절하게 분위기를 연출하는 상징적 의미(objet)로 사용되기도 하고 호텔이나 백화점에서는 고급스러운 마케팅 전략으로 활용하기도 한다. 심지어 화장실도 음악이 흐르는 감성 공간으로 변화하고 있는 추세에서 알 수

춘천 온세대 합창 페스티벌

있듯이 음악의 활용도는 여러 분야로 확장하고 있다.

이렇듯 시·공간의 음악들은 그곳만의 이미지를 창출하고 강조함으로써 심미적 반응에서부터 환경에 이르기까지 긍정의 분위기를 만들어 내고 있다. 특정 장소에서 듣는 음악은 특별한 메시지와 상징성도 담고 있다. 또한, 음악은 우리가 살아가는 공간, 특히 도시와 밀접한 관계를 형성하며 도시의 품격을 드러내기도, 삭막한 공기를 메우기도 한다.

요즘 각 지자체는 인간의 오감을 자극하는 음악을 감성마케팅에 활용하고자 힘쓰고 있다. 광주광역시도 광주만의 색과 이야기를 우리만의 음악으로 구현해 보길 희망해 본다. 음악으로 시각적인 이미지까지 가공할 수 있기 때문이다. 이를테면 5·18 민주광장을 중심으로 국립아시아문화전당 주변의 횡단보도를 개성 있는 광주의 음악으로 치장하는 것이다. 이는 시민들과 광주를 찾는 이들에게 장소적 이미지와 그곳의 특성을 이해시키는 매개체로 그 가치를 더하고자 함이다. 시민들이 횡단보도를 거닐 때 5·18을 상징하는 〈임을 위한 행진곡〉이 울려 퍼진다면 그 발걸음은 멜로디가 되고 역사가 될 것이다. 단순 신호음이 아닌 음악이 흐르는 광주, 또 다른 음악 경관으로 작용할 수 있을 것으로 본다.

꼭 횡단보도가 아니어도 좋다. 시청을 비롯한 공공기관의 로비 라운지나 문화시설 주변에 광주만의 음악으로 색을 입혀보자. 음악은 시대를 대변하고 이미지를 형성하며 사람과 사람을 이어준다. 사고의 새로운 패러다임은 삶의 질적 변화와 도시경관의 변화를 가져올 것이다.

우리가 알고 있는 음악의 도시들이 그렇듯 광주광역시도 일상에서 우리만의 음악을 만들어 보자. 광주의 인권·민주·평화 정신을 음악으로, 예술로, 실천에 옮겨보는 것이다. 이러한 음향 마케팅은 문화와 예술이 지속 가능한 광주를 대표하는 문화 기호로 자리매김하게 할 것으로 믿는다. 지금부터 광주가 문화예술이란 이름의 예쁜 꽃으로 피어날 수 있도록 정성스럽게 음악의 씨앗들을 심자. 문화와 예술은 특정인의 전유물이 아니고 인간의 심성 그 자체이며 우리 모두의 꽃이다. 이 꽃이 각자의 삶에 발아되고 발현될 수 있도록 애쓸 때 우리 광주는 또 다른 문화예술의 도시로 빛나게 될 것이다.

[광남일보, 2023.7.27.]

11.
재생하는 문화도시 예술로 춤추다

우주라는 공간에 존재하는 만물들을 두 가지로 규정짓자면, 바로 시간(時間)과 공간(空間)이다. 인간이 다른 동물들과 구별되는 것 중 하나는, 지금 서 있는 자리에서 시간의 유한함을 인지하고 서로 다른 세계관을 가진 또 다른 나와 운명공동체를 구축했다는 것이다. 이러한 시·공간의 흔적들이 우리를 문화적인 인간으로 재탄생시켰다.

문화와 예술은 4차 산업혁명 시대의 기반을 만드는 가장 기본적인 틀이며, 오랜 역사와 함께 재생이라는 이름으로 수많은 혁신을 만들어 냈다. 문화와 예술은 쇠퇴한 산업단지나 공업단지를 비롯해 낙후된 마을 공간에 새로운 활력을 불어넣는 혁신이며, 경제적, 사회적, 환경적 강화를 위한, 필요 요소 중 하나이다. 대부분의 성공한 문화 도시재생은 그 공간만의 독특한 이야기(story)에 문화예술이라는 창의적 아이디어가 더해져 더욱 빛을 발하게 되었다.

앨버트 독(Albert Dock)

유럽의 도시재생은 제2차 세계대전 이후 영국과 프랑스를 중심으로 한창 성장하던 산업들이 쇠퇴하자 문화와 예술을 적극적으로 활용하여 성장의 수단, 생존을 위한 공간으로 탈바꿈시켜 나갔다. 이는 예술을 매개로 한 도시재생이 오늘의 빛나는 관광 유럽의 원동력이 된 것이다.

영국 리버풀의 '앨버트 독(Albert Dock)'은 빅토리아 시대에 선박과 화물을 보관하기 위한 창고와 상점들로 한때는 번성했지만, 1972년을 마지막으로 폐쇄되었었다. 그러다가 1981년부터 기존의 공간과 구조물을 활용해 재생작업을 시작하였고, 이후, 문화와 예술이 숨 쉬는 융·복합 상업지구로 탈바꿈하였다. 지금은 연간 400만 명이 찾는 리버풀 최고의 관광명소로 자리매김하고 있다.

런던도 2000년 밀레니엄 프로젝트 일환으로 '뱅크사이드 화력

테이트 모던(Tate Modern)

발전소'를 개조해 '테이트 모던(Tate Modern)'이란 복합문화공간을 만들어 냈다.

프랑스에서도 문화와 예술이 심박동하는 현장을 여러 곳에서 만날 수 있다. 특히 도축장이었던 '라 빌레트(La Villette)'를 건축가인 베르나르 추미(B. Tschumi, 1944~)가 1982년 도시재개발 프로젝트란 이름으로 미술관, 음악당, 박물관 등의 대단지 관광명소로 새로운 옷을 입혀 그 유명세를 더하고 있다.

'마누팍투라(Manufaktura)'는 폴란드 우치(Łódź)에서 가장 다양한 상품과 여러 브랜드를 만날 수 있는 쇼핑 공간이다. 예전에는 축구장 27개 정도의 넓은 부지에 직물·방직 공장들로 즐비했었지만, 산업구조가 변하면서 애물단지로 전락했다. 이후 문화재생 프로젝트가 시작되면서 지금은 쇼핑몰뿐만 아니라 레크리에이션 센터를 비롯해 우치미술관, 도시역사 박물관, 과학센터, 국제패션홍보센터 등 복합문화쇼핑공간으로 연간 1,000만 명이 찾는 폴란드 최고 랜드마크 중 하나이다.

세계 유수 도시들은 각각 그 모양새와 생김이 다르지만, 결국 변화의 핵심요소는 문화와 예술을 활용했다는 공통점이 있는 것은 문화와 예술이 도시재생의 중요한 요체(要諦)이기 때문이다.

광주도 지금까지 많은 논쟁을 불러일으켰던 '어등산 관광단지 개발'이나, '복합쇼핑몰' 유치가 본격화될 전망이다. 수많은 담론을 비롯해 엇갈린 시선과 시시비비가 존재했지만, 결국 쟁점은 시민들의 문화 향유와 품격 있는 삶에 귀결된다. 그러므로 단지 물건을 사고파는 1차원적 소비 공간이나 유통 대기업의 놀이터가 아닌 시민들의 미래 라이프스타일을 담보하는 문화복합공간으로 거듭나야 할 것이다.

이제부터 시작하는 대단원의 출발이 일정 성과를 내기까지 지혜를 모아가며 함께 응원하고 격려하기를 소망한다. 그래서 광주의 정체성이 담아지고 다양한 콘텐츠가 살아 숨 쉬는 최고의 복합문화공간으로 생동하기를 기대한다. 여가와 휴식이 삶에 묻어나는, 사람을 위한, 시민에게 사랑받는 '최애' 공간으로 자리하기를 믿는다. 문화로 재생하는 도시는 근본적으로 문화운동(文化運動)과 맥을 같이 한다. 사람은 문화를 통해 공동체를 회복하고 삶의 철학을 만들어 가기 때문이다.

[전남일보, 2023.8.30.]

12.
나만의 스타일, 새로운 나

 의자에 앉으면 "특별히 하실 말씀" 이렇게 물으신다. 필자는 "없습니다." 그리고 부연 설명은 가벼운 미소로 대신한다. 뒤통수 뒤로는 신문을 보거나 휴대전화를 들여다보는 사람들도 있고 또는 시시콜콜한 얘기를 나누며 본인들의 순서를 기다리는 모습들을 엿볼 수 있다.
 필자가 사는 동네 작은 이발관의 모습이다. 일흔이 넘은 어르신은 정성스레 손님의 머리를 손질하고, 그의 곁에서 45년 동안 수염을 깎는 일에 수고를 아끼지 않는 안주인이 자리를 지키고 있다. 이발관의 손님들은 약 30분쯤이 지나면 곰이 사람으로 탈바꿈하듯이 새로운 나로 거듭난다.
 손님들의 머리카락을 자르고 다듬는 일에 평생을 다한 장인의 손길이 조금 전에 나를 새로운 나로 거듭나게 하는 것이다. 대부분의 손님들은 거울에 비친 깔끔하게 정돈된 머리 모양을 다시 매만지며 본인만의 머리 스타일에 흡족해한다. 그리고 "건강히

지내십시오."라는 인사를 뒤로하고 다음을 기약한다.

스타일(style)이란 단어는 우리가 사용하는 영어 가운데 가장 범용(汎用)되고 있는 단어 중 하나일 것이다. 일반적으로 누구누구의 머리 스타일은 어떻고, 올가을에 청바지는 이런저런 스타일이 유행한다는 등 겉으로 드러난 형태나 유형을 뜻하는 단어로 많이 사용한다.

또 한편으로 우리는 "스타일 구겼다.", "스타일 구길 뻔했다."라는 말을 일상에서 가끔 하게 되는데, 여기서 스타일은 체면에 손상을 입었다. 품위에 손상이 갔다는 의미일 것이다.

사람들은 자기만의 스타일이 있다. 그 스타일은 누구나 다 가지고 있지만, 수단이나 돈으로는 절대 살 수 없는 그 사람만의 독특한 개성이다. 즉 한 개인의 정체성이라 말할 수 있다. 스타일을 알고 있다는 것, 또 찾았다는 것은 본인의 특성을 잘 드러낼 수 있다는 것이며, 타자와 구별되는 그 사람만의 독특함을 가졌다는 뜻이다. 정체성을 잃어버린다는 것은 내가 존재하지 않는다는 것과 같다.

매스컴에서는 하루가 멀다고 상식으로 전혀 이해할 수 없는 사건 사고들이 넘쳐난다. 나라 안팎으로도 조용할 날이 없다. 특히 작금의 한국 사회는 극심한 이데올로기와 정치적인 첨예한 갈등으로 양분화되고 있다. 이러한 일방적이고 의도적인 메시지 전달(propaganda) 접근법에는 내가 없는 것이다. 혼돈(Chaos)의

산드로 보티첼리(Sandro Botticelli, 1445~1510)가 단테의 「신곡」 지옥편을 읽고 그린 '지옥의 지도' [©바티칸 도서관]

연속이다.

1300년 전, 단테는 한치의 앞을 가늠할 수 없는 혼란 중에 『신곡(神曲)』을 통해서 새로운 이정표를 제시하고자 했다. 지옥과 천국뿐만 아니라 그사이에 중간 경계 지역인 연옥(Purgatorio)을 그려낸 것이다. 그 연옥이라는 공간은 『신곡』이라는 책 속에만 존재하는 것이 아니라 오늘날에도 우리와 함께하고 있음을 명시하고 있다. 현재가 연옥인 것이다. 연옥은 천국으로 가기 위해 반드시 꼭 거쳐야 하는 장소이자 통로이다. 그러하기에 지금 현실의 연옥에서 내가 어떤 모습으로 살아가야 할지에 대한 고민과 실천이 필요할 때이다. '푸르가토리오'를 흔히 정화(淨化)로 번역한다. 즉 다시 거듭나기 위한 스스로의 다짐이며 노력이다. 새로운 나로 탈바꿈하기 위한 수고는 새로운 나의 스타일을 찾아가는 과정에서 시작된다.

따라서 우리가 서 있는 지금의 연옥에서 천국으로 들어서기 위해서는 자기 연민과 남을 배려하는 측은지심 그리고 문화인으로, 온전한 인격체로 살기 위한 나의 다짐과 변화가 있어야 한다. 이는 단테가 『신곡』에서 언급한 무절제와 폭력, 그리고 탐욕 등을 우리의 몸에서 제거하는 것이며, 그에 따른 전제는 나의 본질 즉 나만의 스타일을 찾는 것이다.

각자의 스타일은 결국 인간이라는 본질로 귀착된다. 모든 인간의 보편적인 가치 즉 사람을 생각하는 태도, 생명에 대한 경외심, 서로를 사랑하는 마음, 봉사와 헌신 등 이러한 내용이 공동체를 형성하는 기본 조건이자 기초라 할 수 있겠다. 지금부터 우리 모두가 있는 그대로 인정받고 인정하는 지성 사회, 조화롭고 균형 있는 삶을 살아가는 진정한 '스타일'과 '품위'가 살아있는 사회를 만들어 나갔으면 한다.

[전남일보, 2023.9.25.]

13.
가을에는 노래하게 하소서

　추수가 끝난 들녘 넘어 노을이 지고 도심의 거리는 낙엽들이 이리저리 흩날리는 가을이다. 시인은 노래한다. "기러기 울어 예는 하늘 구만리 바람이 싸늘 불어 가을은 깊었네. 한낮이 끝나면 밤이 오듯이 우리의 사랑도 저물었네." 젊은 날 연인과의 이별을 노래한 박목월(朴木月, 1915~1978) 시인의 〈이별의 노래〉중 일부분이다.

　가을은 사랑과 추억을 그리고 낭만을 노래하는 계절이다. 가슴 시린 첫사랑을 소환하기도 하고 아름다운 단풍과 떨어지는 낙엽을 보며 누구나 인생을 노래하는 가인이 되기도 한다. 또 가을은 독서의 계절이기도 하다. 덥지도 춥지도 않은 쾌적한 날씨에 마음이 여유로워지고 가을 풍경이 더해져 문학적인 감수성이 풍부해지기 때문일 것이다. 무엇보다도 가을은 음악을 통한 영적 소통의 시간이 되기도 한다. 푸르렀던 나뭇잎을 훌훌 벗어낸 빈 가지를 보며 깊은 사색과 묵도(默禱)가 필요한 시간이기 때문이다.

1947년에서 1952년 사이에 녹음된 이브 몽땅의 노래 26곡이 포함된 앨범. [©www.amazon.co.uk]

가을을 소재로 한 음악들은 계절과 관련된 다양한 느낌과 주제들로 시간을 형상화하고 듣는 이의 감정을 이입시킨다. 가을이 한창 깊어질 때 필자에게 생각나는 음악을 한 곡 추천하라면, 당연 이브 몽땅(Y. Montand, 1921~1991)의 〈고엽〉(Autumn Leaves)이다. 떨어지는 낙엽에 지나간 사랑을 안타까워하는 동시에 감정을 절제하고, 나지막한 목소리로 잊지 못하는 옛일을 노래하는 것 같아 더 애절하다.

개인의 취향에 따라 클래식 음악을 좋아하는 사람들도 있고 대중음악을 즐겨듣는 이들도 있다. 한때는 이를 두고 고급문화와 하위문화로 양분해 이러쿵저러쿵 에너지를 소진했지만 그게 무슨 의미가 있겠는가. 음악 예술의 본질은 당연히 개인적이고 정관적(靜觀的)이며 자율적이다.

지금은 음악을 비롯한 모든 분야에서 장르 간의 경계 허물기 현상이 다채롭게 이뤄지고 있다. 특히 클래식 음악은 여러 대중음악과 융·복합되어 그 쓰임새가 더욱 다양화되고 있다. 영화음악에서부터 텔레비전 광고, 치료 음악을 시작으로 국악이나 가요, 크로스오버 음악, 트로트 등 세상의 모든 음악이 여러 모양새로 계속해서 작·편곡되고 있는 것이다.

쇼팽(F. Chopin, 1810~1849)이 1832년에 조국 폴란드를 떠나며 첫사랑 글라드코프스카(K. Gladkowska, 1810~1889)에게 마음을 전하는 〈이별의 곡〉도, 생상스(C. Saëns, 1835~1921)가 작곡한 곡 중 가장 우아하고 아름다운 선율의 〈백조〉도 우리가 잘 알고 있는 클래식 음악이지만, 지금은 여러 용도의 배경음악이나 광고음악 등으로 차용되고 있다. 음악은 언제 어디서나 우리 곁에 늘 함께하고 있다, 그 형태와 용도는 다양하지만, 음악은 변함없이 우리의 일상 속에 스며들어 온다.

플라톤(Platon, B.C 427~B.C 347)은 "음악을 사유화하고, 감동하고 표현하는 예술(Art)이면서 지상 예술 중 최고의 미(美)이다."라고 했다. 세상을 살면서 노래 한 소절에 위로받고 또 위로하기도 하고, 필요한 에너지를 만들어 내기도 한다. 음악은 종합 비타민과 같다.

하지만 잠시 고개를 돌려보면, 많은 사람들이 손에 들고 있는 휴대전화와 다양한 디지털 기기에 이 멋진 가을의 시간을 전당(典當)하여 허비할 때가 많아 보인다. 과장되고 왜곡된 정보들에 매몰되어 나의 정체성을 잃어버리는 것 같아 안타까울 뿐이다.

올가을에는 아름다운 음악으로 우리들의 마음을 정화해보면 어떨까? 지상 예술미(美)의 극치를 다 같이 맛봤으면 한다. 언제 어디서나 여러 형태로 함께할 수 있는 한 곡의 음악으로 지친 나를 깨워보자. 오늘, 이 가을과 가장 잘 어울리는 음악으로 깊은 영적 소통을 하는 것이다.

  클래식도 좋고 대중음악도 좋다. 크로스오버 음악도 국악, 트로트도 다 좋다. 2023년 가을은 각자의 취향대로 허락된 오늘의 시간을 사유화하기를 희망해 본다. 지금 듣는 이 음악이 모든 이들의 마음에 한 줄기 희망이 되고 위안이 될 것으로 믿는다. 저기 회색빛 하늘에서 차가운 바람에 하얀 눈송이들이 실려 오기 전에.

[전남일보, 2023.10.23.]

14.
클래식 음악은 절대 아름답지 않다

 필자는 누누이 음악은 아름답다고 했다. 그리고 음악 없는 세상은 절망이라고도 했었다. 음악은 영적 호흡과도 같기에 변하지 않는 이치 즉 진리라고 설파해 왔다. 하지만 음악을 둘러싼 현실은 암울하기만 하다.
 며칠 전 퇴근하는 길에 평소 안면이 있는 성악가를 만났다. 반갑게 인사를 나누고 서로의 안부를 묻는 중에 가슴이 저렸다. 한동안 그는 출중한 실력으로 주위에서 모르는 사람이 없을 정도로 활발하게 활동을 했었다. 그러나 현재는 노래를 그만두고 전업을 했다는 것이다. 먹고 살기 위해서.
 어릴 때부터 예술적 재능을 발현하기 위한 열정과 최선으로 유학까지 다녀왔지만, 현실은 냉혹했고, 가장이라는 무게가 그를 무대 밑으로 끌어내렸다.
 지난주에 대학수학능력시험이 있었다. 학문에 대한 호기심, 자아실현, 취업 등 각자의 다양한 동기가 복합적으로 작동했을 것이고, 대학이라는 관문을 통과하기 위한 최대 아픔과 수고의 시간이 었을 것이다. 특히 음악을 공부한 학생들에게는 오랜 시간의 고된 훈련과 자기만의 철학이 내재 된 힘든 선택이었음이 틀림없다.

한때는 광주·전남에도 클래식 음악과 관련된 대학이나 학과가 열 개 이상 있었지만, 지금은 여러 현실적 이유로 전남대학교 예술대학을 포함해 음악학과는 두세 곳뿐이다. 조선대학교에도 사범대학에 음악교육과가 있지만, 이는 교직에 꿈을 두고 있는 학생들에게 한정되어 있고, 대부분 대학은 실용음악 형태의 학과만을 개설하고 있는 것이 작금의 현실이다.

대학알리미에서 제공한 자료를 통해 2021년도 서울대학교 취업률을 살펴보면 의과대학이 95.1%로 1위였고 음악대학이 43%. 그중에 피아노 전공자의 취업은 11.8%에 그쳤다. 음악대학의 취업률이 최하위였다. 이러한 결과라면 지방에 있는 음악대학의 취업률은 말할 것도 없을 것이다.

음악을 전공해서 향후 먹고사는 것에 문제가 생긴 것이다. 가까스로 관계된 일자리를 얻었다 하더라도, 도시근로자 월평균 소득에 못 미치는 수입으로 생활고를 겪게 되는 경우가 많다. 2021년 말, 문화체육관광부가 발표한 '예술인 실태조사'에 따르면 2020년 한 해 동안 경력 단절을 경험한 예술인이 36.3%이었고 그중의 69.7%가 수입 부족으로 경력을 이어갈 수 없었다고 한다.

이러한 이유로 클래식 음악 관련 대학은 그 자취를 잃어가고 있다. 지성의 보루라고 하는 대학이 시대와 사회변화를 이유로 실용만을 쫓고 취업을 위한 교육장으로 전용된다면, 더 이상 대학은 상아탑으로 불릴 수 없다. 특히 예술교육의 실종은 기초학문의 위기를 불러일으키고, 인문 교양의 부재는 내일은 없는 대한민국을 의미한다.

빛의 신 아폴론과 시의 뮤즈 우라니아.
Charles Meynier (1768-1832)

물론 학제 개편을 단행하면서, 먹고 살아야 하는 문제, 통합 교육과정에 따른 창의 인재 양성이라는 명분이 있었을 것이다. 그러나 이러한 개편이 기초 인문교육이나 음악을 비롯한 예·체능 과목을 등외(等外)시 하는 결과를 초래한다면 대한민국의 앞날은 불을 보듯 뻔하다.

주요 선진국이 중세 이전부터 대학의 음악교육을 중시해 왔던 것은 예술교육의 중요성과 인간이 지녀야 할 기본적 품성이 음악에 있다고 믿었기 때문이다. 이는 사람답게 살기 위한 필수 조건이며 공동체의 가치와 중요성 등을 조명하는 기초학습이라 확신했기 때문이다. 예술교육은 기초학문이면서 정성을 기울이는 대표적인 사람 교육이다. 무엇보다도 급변하는 사회와 기술 진보에 대응하는 인간적 발로인 것이다. 지금이라도 정부와 교육 당국은 대학이 '지성의 전당'으로서의 역할을 제대로 수행할 수 있도록, 근본적인 문제를 인식하고 해결책을 모색해야 한다.

 음악을 전공하고 미술을 공부하는 사람들도 생활인으로, 경제적 주체자로 일어설 수 있는 환경이 조성되어야 하는 것이다. 그래야만 예체능을 전공하려는 학생들도, 대학도, 대한민국도 살아남을 수 있다. 이제는 예체능 전공자들의 눈물이 있어서는 안 된다. 새로운 인적·물적 토대를 구축함과 동시에 지원제도의 정비를 통해 대한민국 예술의 미래를 담보해야 한다. 음악이 없는 세상은 지옥이기 때문이다.

[전남일보, 2023.11.20.]

15.
요란하지 않게 차근차근

　벌써 12월이다. 이제 2023년도 며칠만 남았다. 시간은 빠르게 흘렀고 올해도 참으로 바쁘게 살았다. 오늘의 최선이 내일의 행복을 담보하리라 믿었기에 아침부터 밤늦도록 나를 위해, 가족을 위해 그리고 그 누군가를 위해 우리는 최선을 다해 살아왔다. '오늘이 없는 내일은 절대 없다.'라는 진리는 우리를 시계 문자반에 기대어 걷게 했고 또 달리게 했다. 정말 하늘 한 번 쳐다볼 틈도 없이 열심히 살아왔다.
　한때는 빨리 어른이 되고 싶어서, 어른이 되면 원하는 것을 다 이룰 것 같은 생각에 시간의 흐름을 재촉한 적도 있었다. 더딘 시간을 채근한 것이다. 프리드리히 쉴러(F. Schiller, 1759~1805)는 시간의 흐름을 세 가지로 나누었는데 "미래는 주저하면서 오고, 현재는 화살처럼 날아간다. 그리고 과거는 영원히 정시한다."라고 했다. 시간을 어떻게 인식하고 살아가는지에 대한 깊은 성찰을 남기는 명언이다.

우리는 오늘날 과학 문명의 발전으로 생활의 편익을 누리면서 주어진 시간을 사유화할 수 있는 주체자가 되었다. 하지만 사람들은 한결같이 시간이 없다고들 한다. 늘 시간에 쫓기는 것 같다. 그리고 맡겨진 일들에 불평만 늘어놓고 있다.

그러나 지금의 시간은 내게 주어진 최고의 순간이며, 이 시간이 오늘 나의 존재성을 세상에 드러나게 한다. 시간의 흐름이 아무리 빠르다지만, 결국 오늘이란 시간은 누구에게나 공평하게 주어진다. 그리고 성공한 사람들의 특징 중 하나는 자신의 시간을 적절하게 잘 활용하면서 그 시간의 주인이 됐다는 것이다. 흐르는 초·분침을 나름의 방법으로 붙잡고 목적하고 정한 방향을 향해 묵묵히 자기만의 철학으로 세상을 향해 구도자의 발걸음을 옮긴 것이다.

오래전 남태평양의 머나먼 섬, 타히티에서 본인에게 주어진 삶의 시간을 아쉬워하며 지나간 흔적을 더듬는 이가 있었다. 그

우리는 어디서 왔고, 우리는 무엇이며, 우리는 어디로 가는가(D' où Venons Nous / Que Sommes Nous / Où Allons Nous) [©https://collections.mfa.org]

는 건강 악화와 빈곤 등으로 힘들어하던 중에 딸의 죽음을 전해 듣고 삶을 포기하기로 한다. 그리고 유작을 남기기 위한 그의 최선의 노력은 '우리는 어디서 왔고, 우리는 무엇이며, 우리는 어디로 가는가'라는 걸작을 남겼다. 프랑스 후기 인상파 화가 폴 고갱(P. Gauguin, 1848~1903)이 그 주인공이다. 이 작품은 인생무상(人生無常)의 답을 찾기 위한 그만의 몸부림이었고 처절함이었을 것이다.

인간은 사람으로서의 가치를 드러내는 방법들을 찾기 위해 늘 질문하고 답해 왔다. 루트비히 판 베토벤(L. v. Beethoven, 1770~1827)도 음악가로 확고한 입지를 다질 무렵 청각장애로 세상의 소리를 듣지 못하게 된다. 그는 30세 중반을 넘기며 자살을 결심하고 유서를 써 내려갔지만, 결국 "나는 누구인가?"라는 질문을 던지고 자신의 운명의 문을 두드렸다. '따다다 단! 따다다 단' 이 음악을 모르는 사람은 한 명도 없을 것이다. 문명사회를 살아가는 모든 이들이 한 번쯤은 들어봤을 클래식 음악의 대명사 〈교향곡 작품번호 제5번 c단조〉, 일명 '운명 교향곡'이다.

그는 쉼 없는 열정으로 그 많은 시련과 고뇌를 새로운 운명으로 개척해 나갔다. 이 곡은 베토벤의 처절한 인생사가 고스란히 투영되어 있다. 이런 관점에서 '운명 교향곡'은 이 시대를 살아가는 우리 모두에게 의미 있는 한편의 서사가 아닌가 싶다. 특히 삶에 있어 음악은 인생사 모든 것에 위로이며 감동이다. 음악은 시

·공간을 반영하고 시대사상과 가치를 드러내며, 영적인 위안을 만들어 내기 때문이다. 누군가에 의해 분노하고 또 누군가로 인해 상처받고 아파했다면 이제는 노래 한 곡으로 훌훌 털어내 버리자.

올해의 시간은 이제 어제의 시간으로 멀어지겠지만 지난 모든 시간이 우리의 삶이고 예술이다. 잠시 지난 시간의 회상은 내일의 새로운 나로 만들어 갈 것이며, 우리는 또 이렇게 성장할 것이다. 이제 겨울이 깊어간다. 2023년 올해 12월은 요란하지 않게 그리고 차근차근 나를 돌아보면서 다가오는 운명에 맞서 싸울 수 있는 나만의 힘을 비축하기를 희망한다. 시간은 삶의 역사이자 예술이다. 우리의 삶 자체가 예술이기 때문이다.

[전남일보, 2023.12.25.]

제3부

2024년 - 마음을 담다

1. 성공(成功), 그 빛나는 성장통에 함께 하는 것들
2. 사이렌(Siren)이 또 울린다
3. 키오스크(kiosk)의 두 얼굴
4. 예술은 예술이다
5. 희망의 5·18, 세계 속에 빛나다
6. 가장 아름다운 시절
7. 슬기로운 취미생활
8. 이기는 것이 아니라 잘 싸우는 것
9. 다시 또 걷고 싶은 길
10. 길 위에 폴리(Folly)가 있다
11. 또 하나의 노벨상을 바라며
12. 김장, K 문화의 중심에 서다

1.
성공(成功), 그 빛나는 성장통에 함께 하는 것들

"어 야! 참말로 잘했네. 자식 농사 진짜로 잘 지었구먼, 자네는 성공했네. 그려! 부럽네, 부러워." 필자가 어느 모임에 참석했을 때, 옆자리 지인들의 왁자지껄한 대화 일부이다. 내용인즉슨 취직 준비로 몇 해를 고생했던 자녀가 보란 듯이 취업에 성공했다는 얘기다. 서울 명문대를 나왔지만 여러 번 취업에 실패했다가 최근 공기업에 입사한 것이다. 참으로 기쁘고 축하할 일이다. 밤낮으로 고생해 얻은 결실이기에 그 멋진 발걸음에 박수를 보낸다.

2024년 새로운 시간이 시작되었다. 그런데 여기저기에서 들려오는 소리는 필자의 마음 한구석을 무겁게 만들어 놓는다. 매스컴이나 여러 보도 내용은 한결같이 올해의 경기지수도 그리 밝지 않다는 것이다. 여전히 일자리를 얻기 위한 젊은이의 몸부림은 계속되고 있으며 여기에 고령자들까지 가세해 고군분투하고 있다.

청년들의 취업 과정을 살펴보면 상상 그 이상이다. 관련 자격증은 물론이고 어학을 비롯한 대외활동, 봉사활동, 인턴과정 등 수

광주광역시 '내일(my job)이 빛나는 광주일자리박람회' 포스터

많은 시행착오를 거쳐도 취업에 성공하는 것은 하늘의 별 따기보다 더 어려워 보인다. '취업 성공', 절대 만만치 않은 과정이다.

그렇다면 성공이란 과연 무엇일까? 좋은 집에서 비싼 옷을 입고 산해진미로 배를 채운다면 그것을 성공이라 말할 수 있는가? 좋은 직장에 다니거나 높은 권세와 많은 부의 축적만을 성공이라 할 수는 없을 것이다.

사람은 누구나 살아오면서 겪는 개인적 경험으로 내면화된 성공의 내용은 각자 다를 수 있다. 어떤 이에게는 물질적 풍요로움과 명예, 안정적인 직장이 성공의 기준이 될 수 있고 또 다른 이에게는 가치를 실현하는 것이 성공일 것이다.

누구나가 성공하기를 원하고 성공하기 위해 최선을 다한다. 목적한 바를 이룬다는 뜻의 '성공'이란 단어는 노력에 대한 증표이다. 성공은 결심에 대한 실천이며 수적석천(水滴石穿)의 근원이다. 그래서 '아무나', '누구나'가 아닌 피와 땀이 묻어나는 성실을 발판 삼아 노력한 자만이 얻는 달콤한 열매이다.

저자 류인현은 『거북이는 느려도 행복하다』라는 책을 통해서 성공에 대한 정의를 토끼와 거북이의 경주에 비유한다. 거북이는 이 경주에서 자신을 평가절하하지도 그렇다고 교만하지도 않으면서 자기 내면의 정체성을 찾았다는 것이다. 처음부터 자신의 느림을 알고 있었기에 애당초 토끼와 비교하지도 않았다. 그저 끝까지 포기하지 않고 자신만의 목적지를 향해 성공이란 깃발을 꽂기 위해 최선을 다한 것이다.

이처럼 우리의 삶은 정해진 시간 속에서 그것이 무엇이든 목적을 지향한다. 하지만 허상 속 성공을 위한 일련의 행위들은 결코 목적이 될 수는 없다. 목표를 향한 걸음걸음에는 자기충족의 성실함과 심미적 이성이 작용해야 한다. 혹여 이를 장착하더라도 목표를 향한 과정은 고단하며, 성공이란 이름에는 필연적으로 실패와 좌절이 뒤따른다. 심리적 여유를 잃고 자신을 괴롭힐 수도 있고, 삶을 놓아버릴 정도로 깊은 절망감에 빠질 수도 있다.

그러하기에 우리는 예술이라는 각자의 보물을 마음에 품고 살아가야 한다. 심리적 여유를 잃고 헤매고 있을 때, 절망에 빠져 허우적거릴 때, 혼자라는 고독감에 몸부림칠 때, 예술은 지친 나를 위로하고 치유해 줄 것이다. 좋은 음악과 시(詩) 한 편, 나를 일깨우는 소설 속의 한 문장, 그것으로 다시 일어설 수 있을 것이라 믿는다. 인간이 목표로 하는 설음을 옮기는 과정에서 경험하는 모든 것들, 그 빛나는 성장통이 성공하는 나를 만들어 내는 것이다.

새해를 맞이하여 각자 정한 목표가 있을 것이다. 사소한 것부터 원대한 것까지, 지금부터 각자의 성공이란 푯대를 향한 걸음을 실천에 옮겨보자. 다급하지 않게, 목표에 매몰되지 말고, 예술을 마음에 담는 여유와 즐거움을 누리며 자신만의 목적지를 향해 거북이처럼 나아가 보자. 서두르지 말되, 멈추지는 말자.

[전남일보, 2024.1.29.]

2.
사이렌(Siren)이 또 울린다

 필자가 가끔 들리는 동네 커피숍이 있는데 그곳의 로고는 사이렌(Siren)이다. 신화에 나오는 괴물 사이렌은 절정(絶頂)의 노래 실력과 절대적인 미모의 인어공주로 알려져 있다. 선박이 섬 가까이에 다가오면 매혹적인 노래로 그들을 홀려 바다 깊숙이 끌어 들인다. 사이렌의 노래는 한 번 들으면 결단코 빠져나올 수 없었기에 수많은 뱃사람은 바닷물에 빠져 죽었다.
 사이렌은 기원전 700여 년에 호메로스(Homeros)의 『오디세이아』(Odysseia)에도 등장한다. 오디세우스(Odyssey)가 트로이 전쟁에서 승리하고 귀향길에 오르지만, 거센 물살과 바위로 둘러싸인 섬들을 지날 때 사이렌들의 집요한 유혹을 받게 된다. 하지만 밀랍으로 귀를 틀어막은 선원들의 지혜로 매우 급박했던 위기를 벗어날 수 있었다. 이처럼 신화 속 사이렌은 위험에서 벗어나기 위한 또는 긴급사항을 알리는 신호음이 아니라 죽음으로 유인하는 상징적 의미를 담고 있다. 고대 신화에서부터 지금까지 사이렌들의 강한 유혹은 시공간을 뛰어넘어 오늘날에도 계속되고 있다.

우리는 가끔 홀릭(holic) 됐다는 표현을 쓴다. 중독되었다는 뜻이다. 요즘 뉴스나 매스컴에서 보도된 내용을 살펴보면 마약과 관련된 내용을 쉽게 접할 수 있다. 마약에 중독된 이들이 급격하게 늘어나고 있다는 것이다. 비단 약물 중독뿐만 아니라 과도한 인터넷 게임과 도박, 스마트폰, 음란물 등도 그 궤를 같이하면서 우리 가정과 지역사회에 크나큰 위협이 되고 있다.

문제는 위의 소재들이 아무런 여과 없이 일반에 노출되면서 더 자극적이고 극단적인 내용으로 포장되고 있다는 것이다. 이뿐만 아니라 각종 매체를 통해 입에 담기도 어려운 사건 사고들이 서로 경쟁하듯 쏟아지고 있다. 작금의 현상이 일반화되면서 올바른 상식 범위와 법적 기준마저 모호해지고 있는 것 같다. 일상의 사건 사고들이 무의식중에 보편화되고 상호작용하면서 옳고 그름의 기준마저 무뎌지고 있는 것이다.

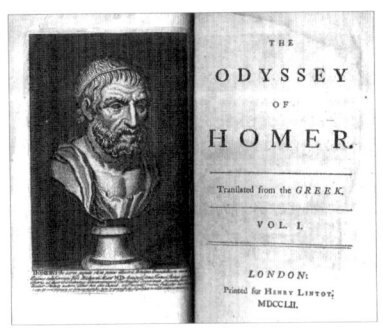

알렉산더의 교황이 번역한 오디세이의 1752년판의 프론티스피스 및 제목 페이지
[©Wikimedia]

또한, 공정과 상식을 외치는 정치인들의 눈꼴사나운 탈법과 부정행위를 시작으로 몇몇 사회지도층의 빗나간 처사와 불공정 문제들도 이미 일상이 되어 버린 지 오래

사이렌 꽃병. 세라믹 암포라(저장 항아리), 사이렌 화가, 아티카, 기원전 480~470년경. 그리스 영웅 오디세우스가 트로이에서 집으로 돌아가는 긴 여정을 떠나는 모습. 항아리는 그가 아름다운 노래로 선원들을 바위 위로 유인하는 신화 속 생물인 사이렌을 만나는 모습을 보여주고 있다. [©대영박물관]

다. 중독된 것이다. 도덕(道德)의 기준이 지난 시간 속에 묻혀버렸다. 안타까운 일이다. 언젠가부터 우리 사회는 이를 지적할 만한 어른이 보이지 않고 있다. 어린이들의 마음에는 동심이, 어른들에게는 정의로움이 사라졌다. 이렇게 오랜 시간 옳지 않음에 길들여진 세태는 그리 쉽게 사그라지지 않을 것 같다. 어쩌면 그냥 이대로 주저앉을지도 모른다.

그럼에도, 이러한 문제 인식의 발로로 이를 개선하고자 하는 대안들이 끊임없이 제시되고 있다. 양심에서 들려오는 목소리를 마음에 담기 위한 최소한의 노력이, 삶의 가치와 품위를 시키기 위한 실천들이 일상에 옮겨지는 것이다. 품격 있는 주체자로서의 나를 내보이기 위한 움직임의 실천이다.

다가오는 총선에 새로운 시간을 만들어 가기 위한 주권자로서의 권리나, 내게 맡겨진 나만의 의무도 그중 하나일 수 있다. 기본이 되는 사소한 행위, 이러한 작은 것이 세상을 변화시키기 위한 예술이다. 예술은 아름다움의 표상이므로, 수많은 아름다운 예술은 각각 다른 감동의 수치로 드러나고 그 아름다움에 홀릭되면 빠져나갈 수가 없다. 우리는 가끔 '아름다운 노래에 홀렸다.'라는 표현을 쓴다. 멜로디를 비롯한 가사 말에 내포된 그 무엇인가에 정신을 못 차렸다는 얘기다.

지금부터 사람만이 가능한, 존엄에서 묻어나는 향기와 예술적 행위에 중독되어 보자. 마치 사이렌에 홀린 것처럼. 예술이란 이름으로 세상을 경고의 사이렌이 아닌 기쁨의 메아리로 넘치도록 하자. 품격과 아름다움, 그리고 희망을 노래하는 예술을 즐기고 누려보자. 오늘의 내가 내일의 문화적 인간으로 거듭날 수 있도록 다 함께 마음을 다져가는 것이다.

[전남일보, 2024.2.22.]

3.
키오스크(kiosk)의 두 얼굴

　며칠 전 패스트푸드점에서 햄버거를 주문하는 두 분의 어르신들을 목격한 적이 있다. 한참을 '키오스크(kiosk)'와 씨름을 하셨지만 실패하기를 여러 번, 결국 뒤에 서 있던 젊은 친구들의 도움으로 주문에 성공했다. 연신 "미안하다." "고맙다."라는 말과 함께 민망해하시는 표정이 여태껏 눈에 선하게 남는다. 벗하는 친구와 낯선 문화에 맞닥뜨려진 그 짧은 시간의 어색함이 얼마나 당황스러웠을지 말해 뭣하랴. 언제부터인지는 모르겠으나 이제는 가벼운 눈인사와 함께 자리에 앉아서 느긋하니 메뉴판에 음식을 주문하는 시대는 저물고 있다.

　본래 '키오스크'라는 단어는 튀르키예(구 터키) 주변 국가를 중심으로 작은 현관이나 정원에 세워진 정자를 뜻하는 의미의 'KOSK'에서 기원했다. 처음엔 휴식과 사색을 위한 공산으로 사용되다가 점차 영어권 국가로 전달되면서 신문, 잡지를 판매하는 가판대나 공중전화 부스 등 작은 시설물로 변화됐다.

지금은 키오스크라는 외래어가 전혀 낯설지 않게 느껴진다. 이를 이용하는 고객들이 음식을 주문하거나 또, 필요한 정보를 취득할 목적으로 주변에 설치된 기기를 터치하는 일은 자연스러운 일상이 되었다. 이제는 단순히 주문만 하는 것이 아니라, 기계로 공적서류를 발급받거나 ATM 기기를 이용해 은행 업무도 직접 해결한다. 즉, 화면을 몇 번 터치하는 것만으로도 다양한 서비스를 손쉽게 이용할 수 있게 된 것이다.

필자는 약 15년 전 일본을 방문했을 때, 라면집 입구에 설치된 키오스크를 경험한 적이 있다. 화면에 표시된 메뉴판에서 먹고 싶은 라면을 선택하고 동전을 넣으면, 주문지가 출력된다. 그러면 그 주문지를 주방장 겸 주인에게 건네는 간단한 방식이었다. 입구에 세워진 작은 기기로 시간과 인건비를 절약할 수 있었고, 좁은 매장 공간도 효율적으로 활용할 수 있다는 점에서 매우 인상적이었다.

당시의 키오스크는 기본적이고 정말 단순한 소통 수단으로 사용되었지만, 코로나-19라는 전대미문의 팬데믹을 거치면서, 단순 기계가 아닌 데이터 기반의 최첨단 커뮤니케이션 도구로 비약적인 발전을 하게 되었다. 다국어 지원은 물론 회원제 멤버십과 연동, 포인트 적립 등 다양하고 정교한 기능을 갖추게 된 것이다. 그 결과 사용자 편의성과 접근성이 크게 향상되었고 마케팅 전략까지 가능하게 하는 종합 플랫폼으로 자리를 잡게 된 것이다.

과학기술정보통신부에 따르면 국내 키오스크 운영 대수는 2019년 18만 9,951대에서 2022년 45만 4,741대로 3년 새 2.4배로 증가했다고 한다. 이중 외식업체의 키오스크 운영 대수는 같은 기간에 5,479대에서 8만 7,341대로 약 16배나 늘었다는 것이다.

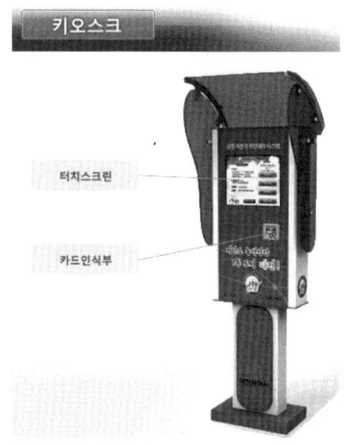

타슈 대여와 반납을 담당하는 '키오스크'.
[©대전시]

이러한 키오스크의 확산 추세에도 불구하고 디지털 소외계층을 배려하는 속도는 이를 따라가지 못하고 있는 것 같다. 보건복지부의 '2020 노인실태조사'에 의하면 키오스크를 경험했던 65세 이상 중·장년층 중, 64.2%에 달하는 많은 어르신이 복잡한 키오스크 사용 방법과 뒷사람의 눈치 등으로 어려움을 경험했다고 한다.

이들에 대한 사회적 배려가 필요할 때다. 제도 및 기술의 개선과 접근성 강화를 위한 방안을 연구하고 사회적 인식도 변해야 할 때이다. 디지털 기기에 관한 적응기술을 일반화시킬 수 있는 환경 조성과 사회적 약자들을 위한 별도의 키오스크를 설치하면 좋겠다. 그리고 누구나 알기 쉬운 그림이나 기호로 표시된다면 더욱 좋을 것이다. 또한, 로마식 외국어 표기보다는 한글 표기를 권장하고 모바일 또는 카드 결제가 어려운 이들을 위해 현금 결제를 위한 방법도 고안했으면 한다.

키오스크는 분명 빠르고 간편하다. 여기에 인건비도 줄일 수 있고 급변하는 사회현상을 대변하기도 한다. 하지만 모든 문화는 사람이 없으면 아무 의미가 없다. 우리가 문화인으로, 선진 사회의 구성원으로 자리하기 위해서는 '나' 아닌 '우리'라는 기본 가치를 지니고 있어야 한다. 이제부터라도 사회적 약자를 비롯한 누구나 키오스크 등의 디지털 기기를 사용함에 있어 불편함을 최소화할 수 있는 방안들을 마련했으면 한다.

[전남일보, 2024.3.20.]

4.
예술은 예술이다

"여러분은 예술을 무엇이라 생각하십니까?" 얼마 전 음악을 전공하는 20여 명의 학생들에게 필자가 물었다. "예술은 인생입니다.", "예술은 영원한 시간의 연속인 것 같습니다." 등 뻔한 질문에 재치있는 현답들로 대화가 쌓였다. 과연 '예술은 무엇일까?'에 대한 질문은 지금까지 수 세기 동안 이어져 왔고 예술과 철학적 관념에 대한 개념 인식도 계속되고 있다. 필자가 생각하는 예술은 인간의 수많은 활동 중에 가장 빛나는 창조 행위이며 영적 활동이다. 형상화되는 그 무엇인가를 드러내는 인위적 수고보다는 시공간을 초월한 보편적 인간의 정서와 가치를 전달하는 그 이상의 무엇이다. 그래서 톨스토이(L. Tolstoy, 1828~1910)는 『예술은 무엇인가?』를 통해서 '감정을 전달하는 그 어떤 것'으로 정의하였다.

예술은 영적 교감을 통해서 만들어지는 인간의 근본적인 자율성에 기반을 두고 있다. 그리하여 예술은 예술 그 자체로 존재하는 것이다. 그 어떤 대상과도 비교되는 것이 아니다. 그래서 예술을 정치적 수단이나 도구로 오용(誤用)해서도 안 되고 또 그렇게 한들 얻어지는 것은 아무것도 없다.

중세 이후, 아니 그 이전에도 우리가 알고 있는 위대한 예술가들은 이념이나 정치적 논리에 앞서 실제적 존재, 즉 그 작품을 통해서 인정받아 왔고 오늘날까지도 발현되고 있다. 이를테면 14세기에 유럽에서 일어난 문화혁신 운동의 중심에 서 있었던 레오나르도 다 빈치(L. d. Vinci, 1452~1519)가 〈최후의 만찬〉을, 또 한 명의 천재 예술가 미켈란젤로(Michelangelo, 1475~1564)가 〈피에타〉를 제작했으며, 라파엘로(S. Raffaello, 1483~ 1520)는 〈아테네 학당〉을 인류의 유산으로 남겼다. 여기에는 그 어떤 이념이나 정치적 이분법은 적용되지 않았다. 그들의 순수한 예술적 행위와 위대함에 동의하지 않는 사람들은 단 한 명도 없을 것이다. 이처럼 예술가들은 시대를, 그리고 새로운 가치를 창조해내는 사람들이기 때문이다.

또한, 계몽주의 사상을 기반으로 조화와 균형을 중요시함과 동시에 정형화된 형식미가 돋보였던 고전주의 시대의 천재음악가들도 살펴보면, 교향곡을 106곡이나 작곡해 교향곡의 아버지로 불리는 하이든(F. J. Haydn, 1732~1809)과 35년이라는 짧은 생애 동안 무려 626편에 이르는 작품을 남긴 모차르트(W. A. Mozart, 1756~1791), 그리고 불굴의 운명을 스스로의 의지로 이겨낸 베

'아테네 학교', 라파엘로, c.1509-11 (Stanza della Segnatura, 사도 궁전, 바티칸 시국)

토벤(L. v. Beethoven, 1770~1827) 등을 언급할 때도 우리는 그들에게 정치적인 추를 좌, 우로 나누지 않았다.

그뿐만 아니라 세계 3대 발레 작품으로 알려진 〈백조의 호수〉, 〈잠자는 숲속의 미녀〉, 〈호두까기 인형〉의 주인공이자 러시아를 대표하는 최고의 작곡가 차이콥스키(P. I. Tchaikovsky, 1840-1893)는 러시아 민족의 고유한 색과 정신을 음악에 담기 위한 나름의 최선을 다했다. 그러기에 누구도 그의 작품을 이념의 논리로 왈가왈부하지 않는다.

이밖에도 중국 클래식 음악계를 대표하고 있는 피아니스트 랑랑(郎朗, 1982~)과 유자 왕(Yuja Wang, 1987~)은 중국뿐만 아니라 전 세계가 인정한 최고의 음악가들이다. 두 사람은 미국 백악

세종대극장. 런던 심포니-안토니오 파파노 & 유자 왕 [ⓒ세종문화회관]

관뿐만 아니라 여러 번의 내한 공연도 했었다. 이들에게 우리는 공산주의자 또는 이념적으로 문제가 있는 사람들이라고 지칭하지 않는다. 그들은 예술가일 뿐이다.

예술가들은 항상 낡은(cliché) 사고에서 벗어나기 위해 발버둥을 치고 있고, 이데올로기에 매몰되지 않으려고 오롯이 자신들의 이데아(idea)를 찾기 위한 노력으로 오늘도 최선을 다하고 있다. 그래서 예술은 객관적 시선으로 스스로 내면을 찾는 영적 활동이라 할 수 있겠다. 물론 예술도 사회 속에 존재하는 일정 규정과 제도에 모순을 드러낼 때도 있고, 자신이 딛고 있는 현재를 비판적으로 표현하기도 하지만 종국에는 예술이라 이름 지어진 작품 하나하나에 메시지를 담아 감동이라는 흔적을 세상에 남긴다. 그래서 예술은 고전이고 역사가 되는 것이다. 즉 예술은 예술일 뿐이다.

[전남일보, 2024.4.23.]

5.
희망의 5·18, 세계 속에 빛나다

"우리들은 자란다. 오월은 어린이날 우리들 세상." 5월은 소파 방정환(方定煥, 1899~1931) 선생의 선한 외침으로 제정된 어린이날을 비롯해 어버이날, 스승의 날, 부부의 날 등 다양한 기념일이 자리하고 있다. 또한, 담양대나무축제, 보성다향 대축제, 부안 마실축제 등 여러 지역 축제와 행사들이 풍성하여 볼거리와 즐길 거리가 가득한 달이다.

오월은 너무 춥지도 덥지도 않은 쾌적한 날씨로 자연과도 하나가 될 수 있는 딱 좋은 시기다. 살랑거리는 바람에 아카시아 향이 코끝을 간지럽히고, 검붉은 색과 화려한 자태를 자랑하는 장미꽃들도 곳곳에서 만날 수 있음이다. 또한, 사랑의 즐거움이란 꽃말을 지닌 철쭉도 동네 화단들을 장식하고 있고, 나무마다 싱그러운 초록 잎이 무성해져서 산책이라도 할라치면 눈이 저절로 시원해지고 모든 감각이 열려 즐거워진다. 이래서 5월을 계절의 여왕이라 하는구나 싶다.

이렇게 눈이 부시게 아름다운 5월이지만 그것도 잠시, 깊은숨을 내쉴 때면 가슴 저린 비통함이 느껴질 때가 있다. 5월은 광주에 아픔이고 대한민국의 슬픔이기 때문이다. 1980년 5월 17일 전두환 일당은 비상계엄을 확대하고 대학을 폐쇄했으며, 언론을 통제했다. 이어 5월 18일부터 27일까지 광주에서 '5·18 광주민주화운동'이 일어났다. 그들은 민주화를 외치는 광주시민을 무자비하게 짓밟았다. 이는 폭정과 억압의 극치였으며 천인공노할 사건이었다.

초등학교에 다니던 어린 두 눈에 새겨진 그때의 모습, 어둠 속 몇몇 장면들은 절대 잊을 수 없는 기억으로 지금까지 남아있다. 필자가 살았던 양림동에는 기독병원이 있었고 전남도청과도 가까웠던지라 총알이 날아가는 소리, 헬리콥터 날개가 돌아가는 거친 소리를 매일같이 들을 수 있었다. 한번은 총소리가 어찌나 가깝게 나던지 깜짝 놀라신 어머니가 두꺼운 솜이불로 방문을 꼼꼼하게 둘러친 적도 있었다.

한낮에 덕석에 덮인 채 손수레에 실려 이승을 떠나는 이들의 모습도 목도(目睹)했었고 찐득한 땀으로 얼룩진 얼굴에 머리띠를 질끈 여민 청년들이 육공트럭을 타고 돌아다니면서 "도와주십시오.", "민주시민 여러분, 지금 도청으로 모입시다."라고 외쳤던 절규도 절대 잊을 수가 없다. 그 처절했던 시간을 뒤로하고 1980년 5월 27일, 윤상원 열사와 시민군 150여 명의 전남도청

5.18 현장 사진(5.18민주화운동 최후항쟁지 복원공사 현장 펜스 이미지 촬영)

최후항전을 끝으로 모든 상황은 종료됐다. 참으로 많은 학생과 시민들이 희생되었다. 역사의 그날은 민주주의를 향한 눈물이며 아픔이었다.

5·18 현장을 취재한 위르겐 힌츠페터(J. Hinzpeter, 1937~2016) 기자는 "나는 그 사람들이 외치는 소리에 너무 슬퍼 눈물을 흘리면서도 그날을 기록했다. 우리 독일인이 제2차 세계대전 때 저질렀던 만행을 기억하는 것처럼, 5·18도 반드시 기억되어야 한다."라고 훗날 인터뷰를 한 적이 있었다.

그럼에도 5·18을 북한군의 개입이나 불순분자들의 선동에 의한 폭동으로, 또는 해프닝으로 심지 왜곡히는 목소리가 아직도 남아있다. 이는 이 땅의 민주화를 위해 죽음으로 항거할 수밖에 없었던 수많은 영령에 대한 모욕이며 대한민국의 수치이다. 이런 배경 아래 2024년 올해 마흔네 번째를 맞이한 5·18광주민주화운동의 기념식에는 '모두의 오월, 하나 되는 오월'이라는 슬로건을

광주 전일빌딩 245

내걸었다. 어느 누구의 5월이 아니고, 또 광주만의 5월이 아니다. 대한민국을 넘어 세계인이 기억해야 할 대동의 5월인 것이다.

아픔과 슬픔, 못된 이념의 늪에서 벗어나야 할 때다. 이제는 시간과 공간을 뛰어넘어 전 세계인이 하나 되는 자유, 인권, 평화라는 거대담론을 실천해 나가야 한다. 일회성의 이벤트나 보여주기 식의 행사가 아닌 새로운 메타포를 만들어가야 한다.

지금의 광주는 영화 〈택시운전사〉를 비롯하여 오페라 〈박하사탕〉, 뮤지컬 〈광주〉 등 수많은 문화예술 작품들과 유·무형 자원으로 그때를 기억하고 광주 정신을 기록하고 있다. 5·18광주민주화운동 관련 기록물은 유네스코 세계기록유산에 등재된 지 오래다. 이미 광주의 5·18은 세계의 역사가 됐다. 이제 광주의 5·18 정신은 우리 모두의 희망이고 빛이다.

[전남일보, 2024.5.20.]

6.
가장 아름다운 시절

'가장 아름다운 시절'이라는 의미의 프랑스 단어 '벨 에포크'(belle époque)는 대략 1880년 전후부터 1차 세계대전이 일어나는 1914년 전까지의 기간을 이르는 말이다. 벨 에포크는 그때가 진짜 아름답고 좋아서라기보다는 훗날 두 번의 세계대전을 겪어보니 그나마 그 시절이 아름다운 시절이었다고 회상하는 과거에 대한 향수에 가깝다.

당시 파리는 숨 가쁜 산업화와 도시화로 극심한 빈부격차와 불평등이 극에 달했고 주거와 생활환경도 최악이었다. 그렇지만 시민들은 뉘엿뉘엿 해가 지기 시작하면, 나름 근사한 옷으로 차려입고 물랭루주(Moulin Rouge)의 같은 극장식 카페를 찾았었다. 휴일이면 센 강에서 보트를 타거나 주변 공원을 거닐며, 삶의 여유를 갖고자 노력했다.

비록 혼란의 연속이었고 먹고살기는 팍팍했지만, 문화에 대한 꾸준한 투자를 통해 파리는 '빛나는 예술의 도시'로 성장했다. 마네(É. Manet, 1832~1883), 모네(O. C. Monet, 1840~1926), 고흐(V. van Gogh, 1853~1890) 등 수많은 예술가뿐만 아니라 시민 모두가 반짝이는 파리의 주역들이다. 지금의 파리는 누구나가 한 번쯤 꼭 가보고 싶은 매력적인 도시 중 하나가 됐다.

프랑스는 2019년 미국 서던캘리포니아대(U.LC)와 영국 포틀랜드사가 발표한 세계 '소프트 파워(THE SOFT POWER 30)' 순위의 1위를 차지했고, 한국은 19위에 그쳤다. 소프트 파워를 주창한 하버드대 조지프 나이(Joseph S. Nye, 1937~) 교수는 "국제 관계에서 각 나라의 문화 양상이나 가치관, 또는 정치적 목표 등으로 인해 발현되는 그 어떤 매력이 소프트 파워다."라고 설명하고 있다.

올해도 변함없이 193개국을 대상으로 조사한 소프트 파워 순위가 발표됐다. 놀라운 변화는 2019년도에 27위이었던 중국이 프랑스, 영국, 독일 등 쟁쟁한 유럽의 여러 나라를 제치고 3위로 급부상했다는 사실이다. 중국의 상승세가 심상치 않다. 반면 한국은 15위에 올랐다.

대한민국은 안보와 정치적인 요인으로 소프트 파워 순위권에는 진입하지 못했지만, 그랬을지라도 몇 해 전부터는, 영상 콘텐츠를 시작으로 K-팝의 세계적 인기에 힘입어 K-뷰티, K-푸드 등 다양한 분야에서 전 세계 문화시장을 선도하고 있다. 한류는 지구촌 문화의 핵심 키워드로 자리매김했으며, 이는 5천 년의 유구

물랭루주(Moulin Rouge) [©pixabay]

한 역사와 찬란한 문화유산이 축적된 결과라 할 수 있겠다. 참으로 자랑스러운 일이다.

다만 글로벌 문화 지형을 뒤흔들고 있는 지금의 K-파워 현상들에 잠시 도취 되어, K-콘텐츠의 역사적 순간들에 오점으로 남길 수 있는 일들이 생길 수 있지 않을까 하는 노파심을 가져본다. 일부 연예인들과 이해 당사자들의 도덕적 해이, 그리고 그들을 맹목적으로 추종하는 팬덤 현상을 그 예로 들 수 있다. 이는 소수 스타들에게 한정된 사유라지만 분명 공공에 반하기 때문이다. 그리고 그를 따르는 일부 추종자들의 매디적인 인지부조화(認知不調和)적 행위는 참으로 꼴불견이다.

이러한 현상은 비단 방송, 연예, 스포츠 등 문화예술계뿐만 아니라 정치를 비롯한 우리 사회 전반에 걸쳐 급속도로 확산하고 있기에 그저 안타까울 따름이다. 이는 다양성을 기반으로 한 민주사회의 기본적 가치와도 거리가 멀고, 세계가 주목하는 대한민국의 문화적 위상과 K-문화의 긍정적 영향력에도 악영향을 미칠 수 있다.

먼 훗날, "그때가 참 좋았어.", "그 시절이 우리에게 벨 에포크였어."라고 자조 섞인 소리가 나올까 봐 두렵다. 탑을 쌓아 올린 것도 어려운 일이지만 그 탑이 무너지지 않게 돌보는 일은 훨씬 힘들고 중요한 일임을 잊어서는 안 된다. 역사적으로 격동기와 어려운 시절에도 세심한 보살핌을 통해 오늘날의 파리가 형성된 것처럼, 대한민국 또한 현재의 문화적 위상을 재점검하고, 전략적이며 지속적인 투자와 관심을 통해 문화자산을 잘 가꾸고 보존해 나가기를 희망한다.

오늘날 지구촌의 K-문화의 저력은 누구에 의해 만들어진 것이 아니고, 우리 모두가 만들어 낸 힘이다. 시간이 흘러, 뒤를 돌아보는 여유가 생길 때 "그때도 좋았지만, 그래도 지금이 제일 행복해."라고 웃을 수 있는 가장 '아름다운 시절'을 만들어 보자.

[전남일보, 2024.6.17.]

7.
슬기로운 취미생활

 얼마 전까지만 해도 사람들을 처음 만나게 되면 서로에 대한 호기심과 공통의 관심사를 찾기 위해 상대의 취미를 물어볼 때가 있었다.
 남녀가 처음 만났을 때나, 크고 작은 공동체 활동을 시작할 때도 "혹시 취미가 어떻게 되세요?"라고 묻기도 하고, 본인의 정체성을 드러내는 방법의 하나로 좋아하거나 즐기는 취미활동을 말하기도 했었다. 딱히 떠오르는 것이 없거나, 좀 더 그럴싸한 취미로 포장하고 싶을 때는 종종 중국집의 자장면이나 짬뽕처럼 독서 아니면, 음악 감상으로 일반화시키기도 했다. 지금 돌이켜보면, 순수함이 묻어있는 나만의 개성이자 자신을 표현하는 방식 중 하나였을 것이다. 하지만 요즘처럼 다양하고 다원화된 최첨단 사회에는 각자의 취미를 '이것이다, 저것이다'로 쉽게 답힐 수 있는 세상은 아닌 것 같다. 나만의 개성을 한두 가지로 단순 규정짓기는 일은 참으로 어렵기 때문이다.

취미(趣味)를 사전에서는 '전문적으로 하는 이것저것이 아니라 즐기기 위해 하는 일'이라고 정의하고 있다. 취미, 오락, 여가, 기분전환 등을 뜻하는 영어단어 pastime(패스타임)도 '시간을 보내는 일'로 풀이하고 있다. 이러한 이유로, 각자의 취미나 활동을 반드시 무엇으로 규정해야 하는지에 대한 의문이 드는 것은 자연스러운 일이다. 남들에게 보이기 위한 취미, 혹은 의무감으로 억지로 이어가는 활동에 대한 근본적인 질문을 해보는 것이다.

바이올린이나 피아노 같은 악기를 배우지 않아도, 그림을 그리거나 골프를 치지 않아도 괜찮다. 그런 활동이 없어도 우리는 얼마든지 행복할 수 있다. 산들바람에 흔들리는 나뭇잎을 바라보거나, 휴일 오후 미뤄둔 드라마를 보는 것, 달콤한 낮잠을 즐기는 이런 일상도 충분히 나에게 기쁨을 주는 '취미'가 될 수 있는 것이다. 또 가벼운 옷차림으로 동네를 한 바퀴 산책하는 것도 이 계절에 나름의 호사가 될 수 있다.

결국, 무엇이든 작은 기쁨과 위안만으로도 무(無)취미가, 취미가 될 수 있다는 생각을 해본다. 필자도 특별한 취미는 없다. 그때그때 유행에 기대거나 상황에 따라 몇몇 것들을 흉내 내보기도 하고, 또 큰맘 먹고 작심한 일들을 시작해보지만 채 3일 가기가 어렵다. '부지런함'이나 '끈기'라는 단어에 미안함이 들 정도다.

그럼에도 주위를 살펴보면 본인의 취미활동을 위해 구체적으로 계획하고 꾸준히 실천에 옮기는 사람이 많이 있다. 이는 단순한 여가를 넘어서 문화생활이라는 이름의 품격 있는 자존 활동이라고 할 수 있겠다.

맛집을 찾아 헤맨다거나 양손 가득 쇼핑백을 들고 돌아다니는 일차원적 소비 활동이 아니라 자아실현과 자기존중 그리고 풍요로운 삶을 구가하기 위한 본인만의 끊임없는 노력이다. 이러한 취미활동을 즐기는 사람들은 늘 활력과 열정이 넘쳐 보인다.

현재는 개개인의 취미활동이 한 나라의 문화 수준을 나타내는 척도가 되기도 한다. 이에 각 지자체와 중앙 소관 부처에서도 삶의 질과 생활문화 향상을 위해, 시민 참여 확대와 인프라 확충을 포함한 정책개발에 적극적으로 나서고 있다. 누구나 일상에서 문화와 예술을 쉽게 접할 수 있는 환경을 만들어 내고, 시스템 구축을 위한 방법에 힘쓰고 있는 것이다.

취미생활의 일환으로 등산이나 국내 마라톤 인구는 지속적으로 늘어나고 있다. [©pixabay]

서울별마당 도서관

물론 부족함도 있고 각자에게 주어진 선택의 폭이 좁을 수도 있다. 그러하기에 지금은 누구에게나 균등하게 주어진 공평한 시간, 다시 말해 취미활동을 위한 개개인의 시간을 어떻게 의미 있게 활용하고 사유화할 것인가에 대한 고민이 필요할 때다. 훗날 드러나는 결과는 시간의 흔적에 따라 달라질 수 있다.

나의 주체적 취미활동을 통해 오늘의 나는 내일의 새로운 나로 탈바꿈 할 수 있다. 이를 통해 삶의 긍정적 의미와 에너지가 생성된다면 이보다 더 좋은 일은 없을 것이다. 슬기로운 취미생활은 우리 모두가 풀어야 할 숙제이다. 젊거나, 늙었거나, 여성이거나, 남성이거나, 경제적 상황에 관계 없이 우리가 모두 취미활동을 맘껏 누릴 수 있기를 소망한다. 지금부터 취미 부자가 되어보자. 오늘의 문화적 토양을 더욱 견고하게 다져나가자.

[전남일보, 2024.8.7.]

8.
이기는 것이 아니라 잘 싸우는 것

 올림픽이라는 세계 최대 스포츠 축제를 모르는 사람은 지구촌에 한 사람도 없을 것이다. 특히 하계 올림픽은 세계 각국 수천 명의 선수와 지구촌이 하나 되는 빅 이벤트이자, 가장 규모가 크고 인기 있는 국제 행사 중 하나이다.
 스포츠에 전혀 관심이 없는 사람들마저도 4년에 한 번씩 열리는 하계 올림픽만큼은 모두가 한마음이고, 나라 사랑의 애국자가 된다고 해도 과언은 아니다. 실로 지구촌 모두를 하나로 묶는 축제임이 틀림없다.
 지난 8월 11일에 막을 내린 2024년 파리 하계 올림픽은 100년의 역사라는 특별함과 더불어, 올림픽 역사상 세계 최초라는 여러 수식어를 등에 업고 지속가능성을 실험하는 현장이었다. 한 도시에서 하계 올림픽을 세 번 개최한 것은 런던에 이어 파리가 두 번째라는 점도 주목할 만하다.
 이번 개막식은 30만 명의 관객이 지켜보는 가운데, 실내 경기장

2024 파리올림픽 메인 포스터

대신 야외 센(Seine) 강에서 치러졌다. 6~7천 명에 달하는 선수단은 160여 척의 보트에 나뉘어 타고 노트르담 대성당, 루브르 박물관 등 파리의 역사적 명소와 에펠탑 인근 트로카데로 광장까지 장장 6km를 지나는 퍼레이드를 펼쳤다. 이를 통해서 파리라는 도시의 특별함을 맘껏 자랑하는 계기를 만들어 낸 것이다.

이번 올림픽에서 새로 지어진 경기장은 수영 경기가 펼쳐진 '아쿠아틱 센터'가 유일했고 샹젤리제 거리를 비롯해 그랑 팔래, 콩코드 광장, 베르사유 궁전 등 시내 곳곳을 임시 경기장으로 활용함으로써 파리의 문화적 정체성과 위상을 더욱 극대화했다.

본디 올림픽은 천공(天空)을 주관하는 제우스(Zeus)신에게 바치는 제전(祭典)이었다. 고대 올림픽은 그 자체가 신에게 봉헌하는 제사의 성격이 훨씬 짙다고 할 수 있다. 이를 존중하고자 올림픽 개회의 성화는 제우스 신전에서 채화하고, 대회 때마다 그리스 팀이 가장 먼저 입장하는 것도, 올림피아 정신을 기리기 위함이다.

그러하기에 올림픽에 이기고 지는 승부는 그리 중요한 문제가 아니다. 올림픽의 정신은 경쟁이 아니라 상호 존중과 배려가 먼저인 것이다. 때문에, 국가나 선수 간의 과열된 경쟁, 우승 절대주의, 상황에 따른 정치적 이데올로기 개입, 그리고 자본에 잠식되어가는 현재의 몇몇 모습들은 올림픽 정신을 훼손하는 것이며 인간 자존을 흔드는 전염병과도 같은 것이다.

우리에게는 생소한 나라, 아프리카 차드 국적의 이스라엘 마다예(I. Madaye, 1988~) 선수가 남자 양궁 단식 64강전에서, 단 1점이라는 놀라운 순간을 연출했다. 36세라는 다소 늦은 나이에, 필수 장비인 가슴 보호대조차 없이 올림픽 무대에 첫 도전장을 내밀어 김우진(金優鎭, 1992~)에게 완패했지만, 그가 "김우진과 대결한 것은 역사를 만드는 것이다. 모두가 올림픽에 나올 수 없기

이스라엘 마다예(I. Madaye) [ⓒ국제올림픽위원회]

에 지금까지 나의 성과가 자랑스럽다."라고 인터뷰한 모습에 전 세계인은 감동했다.

프랑스 남자 사브르의 간판인 파트리스(S. Patrice, 2000~)도 독일의 마티야스 사보(M. Szabo, 1991~)에게 밀려 올림픽 8강행이 좌절되었다. 하지만 그는 사보에게 다가가 그의 손을 번쩍 들어 올리며 축하를 전했다. 이후 인터뷰에서 "올림픽 정신은 워낙 큰 가치라서 그걸 상상해 보지 않은 사람은 실제로 구현할 수 없다. 그건 단순히 경기나 스포츠에 국한된 게 아니다. 인간과 인간 사이에서 만들어 내는 관계, 우정과 관련된 것"이라고 했다. 올림픽 정신을 가장 잘 표현한 내용(wording)일 것이다.

올림픽에 참가한 선수들은 4년의 결실을 얻기 위해 피눈물 나는 훈련을 한다. 우리는 젖 먹던 힘까지 투혼을 불사른 많은 선수의 땀방울에 박수를 보낼 수밖에 없다. 이는 1등에게만 국한된 것이 아니다. 4등, 5등도 모두가 최고의 선수들이며 자랑스러운 우리의 영웅들이다.

근대 올림픽의 창시자인 쿠베르탱(P. D. Coubertin, 1863~1937) 남작은 "올림픽의 정신은 이기는 것이 아니라 잘 싸우는 것"이라는 명언을 남겼다. 스포츠라는 순수한 열정을 향한 선수들의 도전과 헌신이 2028년 로스앤젤레스에서 열리는 제34회 하계 올림픽에서도 계속 이어지길 간절히 소망한다.

[전남일보, 2024.8.20.]

9.
다시 또 걷고 싶은 길

 "모든 길은 로마로 통한다."라는 말은 서로 걷는 길은 달라도 결국 최종 목적지는 정해져 있다는 의미의 관용구로 쓰이기도 하고, 또 로마의 번영과 영향력을 강조하는 함축적 의미가 담겨 있기도 한다.
 서양문명의 중심, 3000여 년의 역사를 지닌 로마는 오래전부터 길을 내고 수로를 건설하는 데 최선을 다했다. 특히 기원전 312년에 착공된 '아피아 가도(Via Appia)'는 로마를 대제국으로 발전시키는 데 초석이 되었고, 이는 로마의 정치, 경제, 군사적인 번영뿐만 아니라 문화와 예술에 이르기까지 로마 위명(威名)을 떨치는 중요한 결과물이 되었다.
 로마는 지형을 잘 활용하여 도로를 직선으로 곧게 뻗어나가게 했고 여의치 않을 때는 다리를 놓거나 터널을 뚫기도 했다. 평탄화 작업은 물론, 빗물이 고이지 않도록 배수로를 만들었고 일정 거리마다 밀리아리움(Miliarium)이라는 도로 표지판을 설치했다. 또 길을 따라 나무를 심어 그늘을 만들었으며, 대략 20km마다 여행자의 편의를 위해 여관이나 우체국 등을 설치했다. 수 세기가 지났지만, 지금도 유럽 곳곳에서는 당시 로마의 도로를 개보수하여 사용하고 있다.

이를 현재의 관점에서 다시 살펴보고자 한다. 도로망은 혈관과도 같은 것이다. 혈관 관리를 잘하는 사람은 그만큼 건강하게 지낼 수 있다. 도로도 그러하다. 필자는 가끔, '저런 곳에까지 길이 놓여 있을까?'라고 의문이 생기는 곳, 저 멀리 보이는 구석구석까지 길이 이어져 있음을 확인할 때, 참으로 신기하고 절로 감탄할 때가 여러 번이다.

다만 길은 단순 자동차를 위한, 자동차가 다니는 차도만을 얘기하는 것은 아니다. 도로의 개념은 차도와 보도를 포함한다. 여기에는 사람이 있다. 모든 길의 주인공은 사람이다. 그 길은 사람이 살아온 이야기를 품고 있으며, 내일의 비전을 만들어가는 통

아피아 가도의 시작 지점인 산 세바스티안 문(Porta san Sebastiano). 시작 지점이라고 했지만, 반대편에서 오는 사람에게는 끝 지점이 된다. [ⓒwww.italyart.it]

아피아 가도(Via Appia) [ⓒRoman Empire] / 로마제국 도로에 만들어진 여러 밀리아리움 가운데 아우렐리아누스 성벽의 비아 아피아(Via Appia)의 이정표. 이 기둥은 당시 1,000보(밀리아) 기준의 거리 정보 및 도로의 방향을 알려주고 있다. [ⓒNicolò Musmeci]

로이기도 하다. 그래서 사람이 걸어 다니는 길은 다른 관점에서 살펴야 한다. 책을 보면서 거닐 때, 이어폰을 귀에 꽂고 음악을 들으면서, 때로는 누군가의 말에 집중하며 걸을 때도 그 길이 안전하다는 믿음이 있어야 한다. 아니 안전해야만 한다. 아장아장 걷는 아가들의 모습에 행복한 가족들의 웃음이 그 길에는 있어야 하기 때문이다.

그뿐만 아니라, 거리에는 사람들이 쉬어갈 수 있는 쉼터나 광장이 일정 공간에 설치되어야 한다. 길을 걷다 지치고 힘들 때면 잠시 쉬어갈 수 있는 곳. 볼거리와 놀거리, 먹거리가 함께 있으면 더 좋겠다. 이동 중에는 본인들의 위치나 주변의 정보가 한눈에 파악될 수 있는 이정표나 안내판도 설치되어야 한다. 이왕이면 다양성을 고려한 외국어도 표기되기를 희망한다. 이렇게 길 위에 담긴 여러 매력을 느끼면서 누구나 안전하게 귀가하길 바란다.

광주 지역 사회의 의견을 반영한 '2017. 푸른길 마을공동체 통합공모' [ⓒ동구 도시재생지원센터]

여러 지자체들은 걷고 싶은 도시를 만들어 가길 희망하고 있다. 하지만 이것은 선언만으로 이룰 수 없는 것이다. 보행자가 안전하게 거닐 수 있는, 또다시 걷고 싶은 도시를 만들기 위해서는 도시를 바라보는 관점의 전환이 필요하다. 한 예로 영국은 아무리 복잡하고 좁은 길이라도, 설령 차도가 없어질지라도 어디에서나 사람이 거닐 수 있는 최소한 2m 정도의 보도는 확보하게 되어 있다.

우리도 모두가 편안하게 이동할 수 있는 보행 중심의 길을 만들어야 한다. 보도블록을 평탄하게 하고 턱을 낮추어, 휠체어나 유모차 이용자와 거동이 불편한 누구나도 자유롭게 이동할 수 있어야 한다. 아울러 보행자와 운전자의 시선을 가려 안전을 위협하고 미관을 훼손하는 불법 현수막과 적재물들도 정비되어야 할 것이다. 그리고 무엇보다 횡단보도나 어린이보호구역의 불법 주·정차는 더욱 단속을 강화해야 한다.

걷고 싶은 도시는 교통과 도로 행정, 안전, 문화, 경제, 관광 등 도시 생활 전반에 큰 영향을 미친다. 따라서 보행 중심의 도로 환경에 대한 인식전환이 필요하며, 이를 위해 보행 권리를 중심에 둔 통합적 시각의 정책이 반드시 추진되어야 한다. 지금의 길은 로마가 아닌 사람이 사람에게로 통하는 길이기 때문이다.

[전남일보, 2024.10.10.]

10.
길 위에 폴리(Folly)가 있다

"저것이 뭔지 안가?", "몰라! 암튼, 뽁잡한디 쩌런 것들이 여기 저기 몇 개 보이긴 하대!" 40대쯤으로 보이는 두 사람이 필자 앞을 지나가면서 나누는 얘기다. 이해되는 부분이 없지는 않다. 필자도 길을 걷다가 눈앞에 커다란 조형물과 가끔 마주할 때가 있다. 똑같은 심정이다. 시민들에게는 이 낯선 구조물의 등장이 이방인처럼 느껴질 때가 있는 것이다.

어느 날 갑자기 그동안 보이지 않았던 조형물이 들어섰고 일정 장소에선 몇 해 동안 자리를 지키고 있지만, 이에 대한 정확한 정보도 없고 말해주는 이도 없다. 얼핏 보면 멋져 보이기도 하고 또 무엇인가를 의미하는 것 같지만, 어떤 용도의 조형물인지는 잘 모르는 것이다.

이 조형물들을 바로 폴리(Folly)라 일컫는다. 본디 폴리는 고전주의 시대 유럽 대저택에 설치된 장식물이나 구조물을 뜻했다. 하지만 근대에서는 도시재생 차원의 기능적 역할과 예술적 가치

 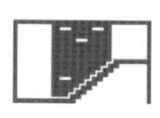  

잠망경과 정자	광주사랑방	열린 공간	기억의 현재화
요시하루 츠카모토	프란시스코 사닌	도미니크 페로	조성룡

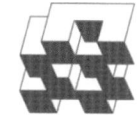   

열린 장벽	99칸	유동성 조절	광주사람들
정세훈 & 김세진	피터 아이젠만	알레한드로 자에라폴로	나데르 테라니

서원문 제등	소통의 오두막	푸른길 문화샘터
플로리안 베이겔	후안 헤레로스	승효상

2011년 광주시내에 등장한 '광주폴리'. 4회 광주디자인비엔날레의 일환으로 기획된 도시공공시설물의 디자인이다. [©https://gwangjufolly.org]

를 더한 조형 예술(plastic arts) 작품을 의미하게 되었다.

스위스 출신의 베르나르 츄미(B. Tschumi, 1944~)가 파리 19구역에 있는 라빌레트(La Villette) 공원에 30개가 넘는 조형물을 설치하면서 현대적인 의미의 폴리가 탄생했다. 라빌레트 공원은 폴리를 통해 시민들에게 볼거리를 제공하고 도시를 연구하는 이들에게는 아이디어와 새로움을 제공하고 있다. 지역 관광에도 영향을 미치기에 장소성의 의미도 담고 있다.

광주 폴리는 지난 2011년 비엔날레재단 이사회의 제안에 따라 '문화적 도시재생사업'의 일환으로 추진되었다. 1차는 '광주의 역사성 회복'이라는 주제로 옛 읍성 터를 따라 주요 거점과 농장다리 일대를 중심으로 총 11개의 폴리가 설치되었다.

2차 광주 폴리는 1980년 광주민주화운동을 모티프로 하여 '인권과 공공 공간'을 주제로 2013년 8개를 설치하였는데, 이는 민주·인권·평화라는 광주 정신을 공공예술의 다양한 방식으로 활용했다는 데에 의미가 있다.

3차는 시민공청회를 거쳐 시민협의회와 그리고 광주 폴리 운영 평가단의 의견을 반영하여 2017년에 완성되었다. '도시의 일상성, 맛과 멋'이라는 주제로 11개 폴리를 설치했는데, 이는 도시의 자연스러운 일상을 통해 시민들에게 친근한 광주를 드러내려는 목적이 있었다.

그리고 2020년 4차 광주 폴리는 광주의 정체성 구현과 광주

에어 폴리 이코한옥 옻칠 집 숨쉬는 폴리
바래 어셈블+BC+아틀리에 루마 이토 도요 조남호

광주폴리 V [©https://gwangjufolly.org]

다움을 표현하기 위해 차별화 전략을 취했다. 현상공모를 통해서 선정된 '무등의 빛'은 무등산을 형상화한 미디어작품이다. 가로 74m, 높이 8m의 크기의 구조물로 광주 톨게이트(tollgate)에 설치했고, 미디어아트 광주의 이미지를 잘 표현하고 있다.

마지막으로 5차 폴리는 2024년 '순환 폴리'라는 주제로 기후위기 시대에 대응하기 위해 저탄소 친환경 소재를 활용한 건축 실험을 중심으로 구성하였다. 여기에는 창조적이고 실험적인 아이디어들이 교집합을 이뤄냈다.

이를 끝으로 광주 폴리는 14년이라는 긴 시간을 마무리했다.

지금까지 166억을 들여 다섯 차례에 걸쳐 진행된 광주 폴리는 총 35개의 작품을 남겼다.

광주 폴리에 대한 평가는 시민 각자가 바라보는 관점과 사고에 따라 상반된 결과치를 나타낼 수 있다. 도시가 가진 복잡성과 다양성으로 그 중요성이 부각되지 못한 면도 있을 것이다. 하지만 광주 폴리는 광주만의 공공문화예술 작품으로 조망된다는 관점에서 주변의 여러 경관과 다양한 요소들이 어우러져 긍정적인 도시 미관을 만들어내고 있다.

그럼에도 시민들의 이해와 지지를 얻기 위해서는 폴리에 대한 접근성을 높이는 다양한 방안을 모색해야 한다. 예를 들어, 스마트폰 QR코드를 활용하여 폴리의 정보를 제공하거나, 다국어 안내판을 설치하여 외국인 방문객들도 쉽게 이해할 수 있도록 하는 것이 그 방안이 될 수 있다.

대·자·보(대중교통·자전거·보행자)가 본격적으로 시작하는 지금, 길 위에 서 있는 폴리라는 공공예술작품을 통해서 예술의 가치와 철학을 되새김하고, 문화도시 광주의 저력과 영향력을 확대해 나가길 희망해본다.

[전남일보, 2024.10.13.]

11.
또 하나의 노벨상을 바라며

날이 꽤 추워졌다. 얼굴에 스치는 바람이 예사롭지가 않다. 낙엽이 지기도 전에 다가올 겨울이 걱정될 만큼 몸도 마음도 춥다. 아마도 각자가 처한 형편이나 시간이 유난히 편치 않기에 그러할 것이다. 자꾸 옷깃을 여미게 되고 손은 호주머니로 향한다.

올해도 변함없이 수험생들은 입시 한파라는 징크스를 뒤로하고 대학수학능력시험(이하 수능)에 전력을 다했다. 고등학교 3년을, 아니 초등학교 1학년부터 12년 그 이상의 긴 시간을 오로지 수능일, 그 하루를 위해 달려온 것이다. 수험생 당사자뿐만 아니라 뒷바라지하는 학부모들까지, 온 가족이 한마음으로 대학입시라는 관문을 향해 질주해왔다.

안타까운 것은 개개인의 재능과 꿈꾸는 미래를 한 줄로 세우는 수능이라는 높디높은 장벽에 가로막힐 수 있다는 현실 때문에, 마치 인생의 모든 계획이 수능일 하루에 결정될 것 같은 조바심으로 모든 교육적 논리와 가치관마저 혼란스러워질 수 있다는 것

한강의 노벨 시상식

이다. 영적 존재로서의 고귀한 나는 온데간데없고 어느 순간 입시 서열에 뒤엉켜 서울로, 의·치대로 내몰리고 있는 비정상적인 오늘의 민낯이 걱정스러울 따름이다.

우리는 타자와 구별되는 나만의 개성으로 공동체를 이루고 있다. 모든 사람이 의사가 될 수 없고, 판검사가 될 수 없다. 사람은 개인의 성격, 습관, 신념, 행동 양식 등 여러 요소가 망라되어 다른 사람들과 구분되는 자신만의 특징과 개성을 지니고 있다. 개성은 내부적 특성과 외부적 표현의 조합이며 개인의 삶의 방향을 형성하는 데 중요한 역할을 한다. 따라서 우리는 각자 최선의 모습으로 나다움을 찾아야 한다. 이 세상 누구와도 같지 않은 나만의 개성과 자긍심으로, 현재의 내가 내일의 꿈이 되어야 한다. 당대의 새로운 역사를 써 내려가고 있는 노벨문학상의 주인공 작가 한강(韓江, 1970~)처럼 말이다.

1901년부터 시작된 노벨문학상의 수상자는 지금까지 한강을 포함해 121명밖에 없다. 그중 한강은 여성 작가로서는 역대 18번째 노벨문학상의 수상자가 되었고 한국인 최초, 아시아 여성 최초라는 자랑스러운 타이틀을 달았다. 글을 쓴 지 꼭 30년 만에 이뤄낸 쾌거라고 한다. 이로써 대한민국은 전 세계에서 40번째, 아시아에서 5번째로 노벨문학상을 배출한 나라가 되었다.

한강은 소설가 아버지를 둔 덕분에 글 쓰는 환경이 남들보다 더 좋았을지도 모른다. 하지만 어떤 인생사든 자신과의 고독한 싸움과 치열한 노력 없이는 얻어지는 것이 없는 법이다. 서울을 가로질러 흐르는 한강만큼이

노벨문학상 메달의 앞, 뒷면

나 분명 많은 눈물도 있었을 것이다. 그가 남들처럼 잘 먹고 잘살기 위해 현실과 타협했더라면 오늘의 한강은 없었을 것이다.

이제 우리 교육시스템도 바뀌어야 할 때다. 학부모들의 기대치가 바뀌고 스스로를 바라보는 시선도 바뀌어야 한다. 제4차 산업혁명의 시대를 뛰어넘어 우주를 넘나드는 시대가 됐다. 나의 개성으로, 나만의 특화된 글로컬 인재의 모습으로, 경쟁력을 높이는 시대이다.

일본은 지금까지 물리학, 의학 등 다방면의 노벨상 수상자를 29명이나 배출했다. 중국의 노벨상도 8명이나 된다. 우리는

2000년 노벨평화상, 2024년 노벨문학상을 수상했다. 이제부터다. 미래를 선도하는 창발자가 되어보자. 그러한 문화를 지금부터 만들어 나가자.

마지막으로 담담하고 품위 있는 한강의 소감문을 다시 읽어본다. "한편으로 이후 제 개인적 삶의 고요에 대해 걱정해주신 분들도 있었는데, 그렇게 세심히 살펴주신 마음들에도 감사드립니다. 저의 일상이 이전과 그리 달라지지 않기를 저는 믿고 바랍니다. 저는 제가 쓰는 글을 통해 세상과 연결되는 사람이니, 지금까지 그래왔던 것처럼 계속 써가면서 책 속에서 독자들을 만나고 싶습니다."

노벨문학상 수상을 진심으로 축하드리며, 계속해서 좋은 작품으로 세상과 소통하기를 기대한다.

[전남일보, 2024.11.11.]

12.
김장, K 문화의 중심에 서다

 11월에서 12월 사이, 겨울이 시작되는 이맘때쯤이면 여기저기에서 웃음꽃이 핀다. 김장하는 날이다. 지금이야 세상이 좋아져서 여러 음식을 곁들여가며 따뜻한 거실에 모여앉아 온 가족이 김치를 담근다지만, 불과 몇 해 전만 해도 어머니가 고생하는 날이었다.
 추운 겨울, 며칠 전부터 배추를 소금물에 정성스레 절이고 고춧가루를 포함한 생강, 마늘 등 수많은 재료를 준비하는 과정의 수고는 이루 말할 수 없을 것이다. 일가친척들의 품앗이가 필요할 정도로 큰 대사 중 하나였고 한 해를 마무리하는 정점이었다. 김장김치 없는 다음 해는 상상할 수조차 없었다. 그래서인지 아직까지도 김장을 한다는 것은, 김치를 버무리는 단순 행위가 아니라 사랑을 담고 마음을 나누는 축제임과 동시에 행복이 가득한 날이기도 하다. 일종의 의식인 것이다.
 김장김치 맛은 가정마다 내려오는 고유의 비법과 어머니의 특별한 손맛이 곁들어져 지역마다, 집집마다 그 맛이 다르다. 표준화된 제조법이 있긴 하지만, 본인의 입맛에 맞는 김치 담그는 방법이 각자 따로 있기 때문이다.

특히 전라도 지역은 기온이 따뜻한 탓에 멸치육젓, 새우젓갈, 고춧가루, 청각 등의 다양한 재료들을 넉넉하게 사용해서 약간 짭짤하면서도 깊은 감칠맛이 느껴지도록 하는 것이 특징이다.

음식과 관련된 식문화는 문화적 환경이나 사회적 성향에 따라, 오랜 시간에 걸쳐 형성된다. 특정 음식을 먹거나 금지하는 규범을 통해 민족·문화·종교적 정체성이 표현되기 때문이다. 유대교의 식사 계율을 나타내는 '카슈루트(kashrut)'와 이슬람교의 '할랄(halal)' 등이 하나의 예이다. 따라서 음식을 단순히 마시고(飮), 먹는(食) 것으로만 이해해서는 안 된다. 생존을 넘어선, 존재론적이고 윤리적 행위로서의 가치가 있기 때문이다.

김치는 우리 민족의 정체성을 드러내는 음식이라 해도 과언이 아니다. K-문화라는 세계적 흐름(trend)에 힘입어, 이제 김치는 한국을 대표하는 최고의 음식으로 자리 잡았다. 한때는 마늘 냄새로 인해 기피 하는 비칭(卑稱)의 상징이었지만, 이제는 K-문화의 위상과 저력을 바탕으로 건강한 식품의 대명사로 변모했다. 전 세계가 김치 담그는 법을 배우는 데 한창이며, 음식 문화의 중심으로 받아들이고 있다.

이를 입증하듯, 유네스코는 2013년 '김장'과 이를 담아 나누는

광주 김치타운에 있는 김치박물관은 김치의 역사소개, 유물 및 팔도김치 전시, 체험놀이시설, '김치광주 맛과 멋'(광주전남김치 및 명인김치 소개) 등 다양한 볼거리와 즐길거리를 제공하고 있다. [ⓒ광주광역시 김치타운]

김장 문화를 '인류무형문화유산'으로 지정했다. 이는 우리의 김장 문화가 환경, 자연, 역사, 지역사회와 상호 작용하면서 끊임없이 재창조되고 있기 때문이다. 동시에, 공동체 내에서 집단으로 공유되고 일상생활에서 세대를 이어 전승됐다는 사실에도 의미를 두었을 것이다. 김치를 담가서 서로 나누어 먹는다는 것, 그러한 나눔의 정신이 가족 간의 사랑과 공동체의 결속을 다지는 보편적 가치로 인정된 것이라 할 수 있다.

한때 중국의 '라 바이차이'(辣白菜)와 일본의 '기무치'(キムチ)등 김치의 종주국에 관련한 소모적 논쟁들이 있었지만, 하얀색이 검은색이 될 수 없듯 한국의 김치는 '김치'이다. '김치'는 다음을 향해 계속 질주하고 있으며, 오늘날의 한국의 위상이 그에 대한 종지부를 찍었다.

(위) 제24회 광주세계김치축제.
[©www.asiaculturecity.com]
(아래) 광주 김치타운 안에 있는 놀이공간. '토굴놀이터' [©광주광역시 김치타운]

그럼에도 안타까운 점은 일상의 변화와 여러 접변으로 국내에서는 그 수요가 계속 감소하고 있다는 것이다. '김치족'이라는 신조어가 나올 만큼 김치를 마트에서 사서 먹기도 하고, 아예 요즘에는 김장을 안 하는 사람들도 많이 늘었다고 한다.

옳고 그름을 얘기하는 것이 아니고, 맞고 틀리고의 문제도 아니다. 단지 최고의 건강식품으로 외국인도 꼭 한 번쯤은 먹어보고 싶어 하는 김치의 소비량이 국내에서는 계속 줄어들고 있음이 아이러니하다. 자랑스러운 우리 김장 문화가 해외에서가 아니라 우리 가정과 지역사회에서, 내일의 시간으로 연결되는 징검다리가 되었으면 하는 바람이다.

어수선한 나랏일로 겨울이 더 추워진다. 이 겨울 마음을 다해 정성껏 담근 김장김치가 가족과 공동체에 나눔과 사랑으로 기억되었으면 한다.

[전남일보, 2024.12.22.]

제4부

2025년 - 내일을 담다

1. 2025년, 소망을 희망으로 꽃피우자
2. 모든 것이, 너 때문이다
3. '3'이라는 숫자의 의미
4. 코끼리 아저씨의 새로운 시대
5. 그때, 보잘것없었지만 아름다운
6. 작은 실천이 만들어 내는 기적
7. 세계가 주목하는 K-클래식 음악
8. 사람 냄새나는 우리공동체
9. 디자인 비엔날레, 광주

1.
2025년, 소망을 희망으로 꽃피우자

참으로 참담하고 안타까운 시간을 뒤로하고 또 새로운 한 해를 맞이했다. 우리는 시간의 흐름을 종종 잊어버릴 때가 있다. 어제의 삶이 오늘도 연속되고 있음을 당연한 것으로, 또 나의 시간은 영원할 것으로 믿는다. 나의 시간만은 계속될 것이라고 착각하는 것이다.

우리는 일 년을 365일로 나눈다. 이는 지구가 자전하면서 태양을 완전하게 한 바퀴 도는 것을 뜻한다. 생명의 근원인 시·공간에서 출발한 365라는 숫자는 태양력(太陽曆)을 기반으로 1582년에 교황 '그레고리오 13세(Gregorius XIII, 1502~1585)'에 의한 결과물이다. 숫자 1에서부터 시작되는 365일은 단순한 시간 단위라기보다는 생명의 신비로움이다. 그 때문에 1월 1일은 어제로부터 이어진 시간이 아니라 새로운 시작을 의미하고 있고, 그날 우리는 서로에게 송구영신(送舊迎新)과 근하신년(謹賀新年)을 덕담으로 주고받으며 새로운 소망을 기원한다.

소망(所望)은 '이루어지기를 바라는 긍정적 기대감'이다. 이는 우리 삶의 의미와 간절한 바람을 담아내는 희망을 뜻한다. 2025년을 맞이하는 국민들의 소망은, '정의로운 사회와 안전한 나라에서 살고 싶다.'가 첫 번째였고, 두 번째는 '가족의 건강과 팍팍한 살림살이에 대한 염려, 그리고 경제 회복'이었다.

 우리는 다사다난(多事多難)이란 말로 한 해를 마무리하곤 한다. 하지만 지난해의 아픔들을 단순한 말 한마디와 단어 하나로 가름하기에는 너무나 큰 상처가 남았다. 인간성을 파괴하는 전쟁의 참상은 세계 곳곳에서 계속되고 있고 분쟁과 갈등 또한, 끊이지 않고 있다. 특히나 국내에서는 몇몇 오만한 군상들의 모습에 차마 고개를 들 수 없을 정도의 자괴감을 느낀다. 지난 12월 3일 불법 계엄 이후 나라는 만신창이가 되었다. 헌정 사상 최초 현직 대통령 출국 금지, 체포영장 발부 등 있을 수 없는 일들이 현실이 되었고, 현재도 진행 중이며 당분간은 계속될 전망이다. 국민의 신뢰를 저버린 몰염치한 그들에겐 최소한의 품위도, 염치도 없어 보인다.

 또한, 2024년 12월 29일 전남 무안국제공항에서 발생한 제주항공 여객기 참사는 온 국민을 충격과 비통함에 빠뜨렸다. 179명이 사망하고 단 2명만이 생존했다는 사실, 그리고 희생자 한 분 한 분의 안타까운 사연에 오열하는 유가족의 모습은 모든 국민의 마음을 무겁게 했다. 이어진 일련의 사건·사고들은 국격 하락과 함께 경제의 침체를 더욱 심화시키고 있다. 이러한 현실이 참으로 개탄스러울 따름이다.

매년 유엔 지속가능발전해법네트워크(SDSN)가 발표한 「세계 행복보고서」에 따르면, 세계에서 가장 행복한 나라를 핀란드로 꼽고 있다. 핀란드는 연속 7년째 1위에 올랐다. 이 보고서는 갤럽 세계여론조사(GWP)가 각국에서 실시하는 주관적 안녕(SWB)에 관한 데이터를 분석한 것으로, 핀란드 국민들은 '국가에 대한 믿음과 신뢰'를 첫 번째 행복의 덕목으로 믿고 있었다. 혹시나 오늘, 아니면 내일 내게 무슨 일이 일어나더라도 나와 내 가정에 대한 사회적 연대에 확고한 믿음이 있었던 것이다.

반면 우리나라는 어떠한가? 국가가 나를 지켜줄 것이라는 희망과 믿음은 사라지고 각자도생을 부르짖는 사회가 되었다. 경제 대국, 세계 GDP 10위를 자랑하는 우리 대한민국의 오늘의 안녕은 요원하게만 느껴진다.

정치적 대립과 이념의 갈등으로 인한 그들만의 무대(league)에서 지금의 대한민국은 병들어가고 있다. 문화와 사회 전반에 미치고 있는 작금의 혼란은 앞으로도 더욱 가중될 것으로 보인다. 상식을 저버린 몰지각한 정치 행위에 무력감을 느낄 수밖에 없다.

그럼에도 우리 민족이 가진 국난극복의 DNA를 믿으며 소망의 꽃씨를 뿌려 본다. 오늘의 소망을 내일의 희망으로 꽃을 피우는 것이다. "절망 없는 희망도 없다."라는 알베르 카뮈(A. Camus,

1913~1960)의 말처럼 우리는 이 어려운 역경을 잘 이겨내야 한다. 자라나는 미래 세대를 위해서 반드시 이겨내야만 한다.

[전남일보, 2025.1.6.]

2.
모든 것이, 너 때문이다

　문화(Culture)라고 하는 것은 시·공간을 드러내는 가치, 신념 행동 양식을 포함해 전통, 언어, 예술, 규범 등, 삶의 전반을 포괄하는 개념을 가지고 있다. 즉 사회나 구성원들의 모든 행동 양식을 포함한 그 시대의 상징체계를 나타낸다. 예를 들어 음식, 패션, 콘텐츠(contents) 그리고 상식이라는 보편적 가치와 사회 규범 등과 같은 것들이 모두 문화의 일부라고 할 수 있다. 따라서 문화는 사람들의 정체성이나 공동체를 형성하는 데 중요한 요소이면서 포괄적인 의미를 담고 있다.
　우리는 가끔 '문화인'이라는 표현을 쓰는데 여기서 말하는 문화적인 인간이란 보편적인 상식을 갖추고 있는 사회 구성원을 뜻한다. 위에서 잠깐 언급했듯이 문화는 단순히 외부의 규범이나 행동 양식뿐만 아니라 인간의 사고, 가치관, 정체성에 영향을 미치기 때문이다. 이러한 관점에서 '문화인'은 자신이 속한 사회나 집단의 문화적 규범과 가치관을 인식하고 그것을 자신의 삶과 행

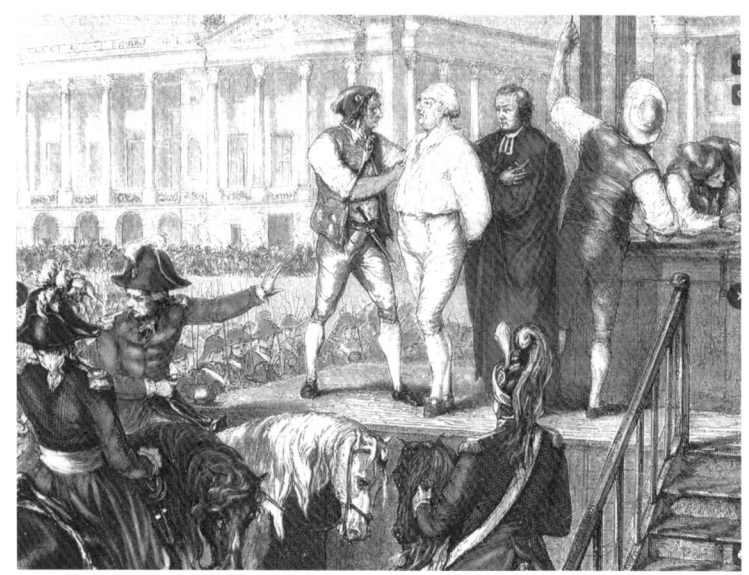

1793년 루이 16세의 단두대에 의한 처형 [©www.britannica.com/ 프리스마 아키보(作)]

동에 반영하는 사람을 의미한다.

그러하기에 '문화인'은 단순히 문화적 규범을 따르는 것에서 그치지 않고, 그 사회 내에서 발생하는 문화적 책임을 진지하게 고민하는 사람이다. 예를 들어 환경문제, 사회적인 갈등, 인간 존엄성 등을 포함한 작금의 정치 상황에 각자의 문화적 소양을 바탕으로 관심과 참여를 표하는 사람이다.

대한민국은 이러한 사고와 가치를 바탕으로 오늘날의 문화적인 역사를 일궈냈으며 민주국가로서의 자랑스러움은 국민 모두의 자부심이었다. 하지만 강물에 비친 달을 쫓고 있는 어느 취인(醉人)을 통해 지금까지의 문화적 토양이 일순간 깡그리 무너지고 말았다. 그는 아직도 특정되고 편향된 시각에 기대어 실체 없는 허상을 그려내며, 세상을 본인만의 시선으로 재단하고 있다. 그뿐만이 아니라 그의 일방적 사고는 책임회피, 남 탓 핑계, 음모론 등으로 모든 문제의 원인을 "너 때문이다. 나 아닌 너희 때문에 생긴 일이다."라고 주장하고 있는 것이다. 이는 주변인들마저 고개를 못 들게 하는 적반하장(賊反荷杖), 몰염치의 끝판이다.

자신의 과오(過誤)를 인정하지 않고 남의 탓만 했던 독재자의 끝은 모두가 처참했다. 혁명의 원인을 귀족과 민중의 탓으로 일관했던 무능한 군주 루이 16(Louis 16, 1754~1793)세는 단두대의 이슬이 되었고, 루마니아의 독재자 니콜라에 차우셰스쿠(N. Ceausescu, 1918~1989)도 국가의 몰락을 서방과 내부 반대파 탓으로만 돌렸었다. 끝까지 자신의 잘못은 인정하지 않았던 것이다.

고금을 막론하고 독재자들은 정치적, 사회적, 경제적 상황에서 국가의 권력을 독점하고, 그 권력을 유지하기 위해 강력하면서 억압적인 수단을 사용했다. 이들은 대체로 절대적 권력, 억압적인 정치 체제, 프로파간다(propaganda)식 성향을 나타내며, 많은 대중의 지지를 얻으려는 방법으로 이념을 갈라치기를 했었다.

프로이트(S. Freud, 1856~1939)의 정신분석 연구에 기반을 둔 『정신역동이론』 중 투사(Projection)라는 방어기제가 있다. 자신의 부성적인 감정이나 잘못된 생각을 다른 사람에게 전가하고 자아를 보호하기 위한 방어기제이다. 이는 책임 있는 자의 모습이 아닐뿐더러 '문화인'과도 거리가 멀다 싶다.

'문화인'은 그 문화에 대한 깊은 이해와 자부심으로, 다른 이와의 소통을 통해서 난국을 타개해 나가는 사람들이다. '문화인'은 나 아닌 타자(他者)를 통해서 자신을 정의하고 사회에 이바지한 사람이다. 문화적인 사람은 모든 것이 '나'로부터 시작됨을 인정하고 모든 것이 '내 탓'이라는 것을 자복할 줄 아는 사람일 것이다.

민주적 문화국가는 누구에게나 공명(公明)하고 정대(正大)한 믿음의 터전에 기반하여, 각자의 삶을 향상하기 위한 공동의 노력으로 완성된다. 오늘도 문화시민들은 법을 준수하며, 남을 기망(欺罔)하지 않고 본인이 있어야 할 자리에서 최선을 다하고 있다. 모든 것이 남 탓이 아니라, 다 내 탓인 것이다.

[전남일보, 2025.2.18.]

3.
'3'이라는 숫자의 의미

3월은 봄의 시작을 알리는 계절이다. 3월은 영어로 행진곡을 뜻하는 '마치(march)'라고 하는데 'march'의 동사는 '군대가 행진하다', '행군하다'라는 뜻이 있다. 이는 라틴어 '마르티우스(Mártĭus)'에서 유래된 것으로, 전쟁의 신 '마르스(Mars)'에서 따왔다. '마르스'는 로마 신화의 주신 유피테르(Jupiter)와 그의 아내인 유노(Juno) 사이에서 태어난 전쟁과 농경의 신(神)이다.

지금은 3월이 율리우스력과 그레고리력에 의해 세 번째 달로 자리하고 있지만, 고대 로마 시대 달력에는 한 해를 시작하는 첫 번째 달이었다. 그래서 3월이면 대자연의 꽃들은 팡파르를 울리고 아름다운 봄을 노래한다. 3월은 단순한 시간직인 의미기 이니라 새로운 시작을 담는 특별함이 있는 것은 변화와 성장을 위한 최적의 시간이기 때문이다.

학교에서는 새로운 학년이 시작되는 중요한 달이다. 희망과 설렘이 교차하는 시간이기 때문이다. 새로운 교실에서 새로운 선

3월 1일을 놓은 달의 모자이크에서 Mamuralia를 묘사한 것으로 생각되는 패널(서기 3세기 전반 튀니지 티 Djem 에서 유래) [ⓒ수스 고고학 박물관/ https://en.wikipedia.org/]

생님과 친구들을 만나며, 저마다의 목표를 향해 힘찬 발돋움을 하게 될 것이다. 또한, 가정에서는 집집마다 겨우내 묵혀둔 먼지를 털어내는 시기이며, 사람들은 작심삼일(作心三日)로 잠시 흐트러졌던 새해 계획을 다시 다잡는 시간이다. 그래서 3월은 새로운 출발이요, 생명이다. 성장의 시간이라 할 수 있다.

숫자 3은 우리 생활과 문화적 맥락에서도 중요한 의미가 있다. 우리는 가끔 '삼세번'이라는 표현을 자주 쓴다. '세 번의 기회'를 말하는 것이다. 어떤 일을 시행함에서 처음에는 잘 풀리지 않더라도 결국, 세 번째 도전에는 성공할 수 있는 확률이 높다는 것이다. 이는 인내와 끈기를 강조하는 말로, 지금은 힘들고 어렵더라도 그 어떤 것에 여러 번 도전하게 되면 언젠가는 좋은 결과를 얻을 수 있음을 의미한다.

처음과 두 번째는 실패했더라도 세 번째 도전은 성공할 가능성이 크다는 믿음이 반영된 것이다. 이 표현은 영화나 문학 작품에서도 종종 등장한다. 주인공이 여러 번의 시도 끝에 목표를 이룬다는 이야기(story) 전개나, 실패와 좌절에도 포기하지 않고 마침내 성공을 거둔다는 내러티브(narrative) 방식 등을 예로 들 수 있다.

문학 작품의 전개 방식에서도 시작과 중간, 그리고 끝의 구성으로 이루어진 3막 구조의 마지막 '세 번째'는 바로 결말을 의미한다. 세 번의 시도, 삼각관계, 세 명의 인물 등이 반복되는 이야기들이 조화와 성장을 상징하는 중요한 문학적 기법으로 작용하는 것이다.

무엇보다도 숫자 3은 음악에서 아주 중요한 요소 중 하나이다. 그중에 3/4 박자는 매우 특별함을 가지고 있다. 이는 주로 왈츠와 같은 춤곡에서 사용되는데, 단순히 춤의 리듬을 넘어서 감정의 깊이와 곡 흐름에 상징적 의미를 지니고 있기 때문이다. 움직이는 속도와 회전하는 리듬은 우아함을 더해 감정의 순환을 느끼게 하며, 때로는 고독, 사랑, 슬픔과 같은 정서를 묘사하는 데 최적이다.

이 밖에도 숫자 3은 종교적 또는 심리적으로도 남다른 의미가 있다. 기독교에서는 성부, 성자, 성령의 세 위격(位格)이 일체 되는 성삼위 하나님을 믿고 있으며, 불교에서도 깨달음에 이르는 길을 삼학 삼선으로 표현하고 있다.

이처럼 3이라는 숫자는 사람들에게 가장 익숙하고 강한 설득력이 있는 숫자이기에 시작과 끝을 의미하기도 하고 삼각형처럼 단단한 균형을 나타내는 완전한 숫자로도 인식된다. 그래서 숫자

3이나 셋은 중요하고도 특별한 순간을 나타내는 것이다. 사진을 찍을 때, 누구 하나 빠짐없이 '하나', '둘', '셋'을 외치는 모습을 연상해보면 쉽게 이해가 될 것이다.

　벌써 3월이 많이 지나갔다. 하지만 우리에게는 언제나 세 번의 기회가 주어진다. 지금 다시 시작하면 되는 것이다. 새로운 목표를 세우고 실천에 옮기는 것이다. 동화 속의 세 가지 소원처럼 우리도 세 가지 목표를 세우고 세 가지 소원을 빌어보자. 분명 내가 변화하고 세상이 변할 것이다.

[전남일보, 2025.3.16.]

4.
코끼리 아저씨의 새로운 시대

"화창한 봄날에 코끼리 아저씨가 가랑잎 타고 태평양 건너갈 때에, 고래 아가씨 코끼리 아저씨 보고 첫눈에 반해 스리슬쩍 윙크했대요. 나는 육지 멋쟁이 당신은 바다 이쁜이 천생연분 결혼합시다." 이 노래는 '독도는 우리 땅'을 불렀던 정광태(1955~) 선생이 1982년에 발표한 '코끼리 아저씨'라는 동요이다.

생각만으로도 유쾌한 동심을 자아낸다. 육지와 바다를 넘나드는 스토리, 그리고 코끼리 아저씨와 고래 아가씨라는 독특한 캐릭터의 만남은 어린이뿐만 아니라 어른들의 상상력마저 자극하는 완벽한 소재인 듯하다. 노랫말에 담긴 대담하고도 귀여운 사랑 이야기는 누구나 미소를 짓게 하는 힘을 가졌다.

하지만 동화나 동요에서 짐작조차 할 수 없는, 아니 어떤 상상력이 뛰어난 소설에서도 다루기 힘든, 일어나시는 안 될 충격적 현실을 마주하게 된다면, 어찌 되겠는가? 대한민국의 지난 몇 개월은 보통의 상식과 가치를 뛰어넘는 악몽과도 같은 시간이었다.

2024년 12월 8일 집회에 참석한 시민들이 여러 가지 K팝 아이돌 응원봉을 들고 계엄령을 선포한 윤석열 전)대통령 탄핵을 촉구하고 있다. [©https://tranday.tistory.com]

탄핵이 결정되기까지의 처절함은 단순한 정치적 위기가 아니라, 민주주의와 정의를 실현하기 위한 치열한 투쟁의 시간이었고, 더 나은 가치를 지키고자 하는 시민들의 간절함이었다. 이는 개인이나 정치인에 대한 불신을 넘어 근본적인 문제를 직시하려는 시민들의 자발적인 희생이었다.

이 과정에서 세대와 공간을 초월한 새로운 형태의 시위문화는 평화와 희망의 상징이 되었고, 참여자 간의 정치적 공감과 사회적 연대를 강하게 구축하는 데 중요한 역할을 했다. 또한, 희망과 응원의 메시지를 담은 소녀시대의 '다시 만난 세계'와 방탄소년단의 '불타오르네' 등을 한목소리로 떼창하고, 다양한 구호와 '나는 스파게티 몬스터 연맹'과 같은 기발한 아이디어가 더해진 깃발을 들어 올릴 때는 마치 새로운 시작을 알리는 신호탄과 같았다.

특히, K-팝 팬들 사이에서 사용돼왔던 각양각색, 형형색색의 응원봉이 어둠을 뚫고 춤을 추는 모습들은 공동체 의식과 단결의 감성을 불러일으키는 중요한 수단이 되었다. 이름하여 '소원봉'

이다. 희망과 염원의 표상으로 불리는 소원봉은 문화적 저항과 사회적 메시지를 전달하는 특별한 도구로 인식하게 되었고, 시위의 새로운 예술적 표현 수단으로 확고한 자리매김을 했다. 이 밖에도 SNS와 디지털 미디어를 활용한 신선하고 창의적인 퍼포먼스는 세대 간 상호 작용과 서로에 대한 연대를 더욱 강하게 만들었다. 단순한 정치적 저항이나 극단적 대립이 아닌, 하나의 간절한 바람으로 사회적 결속력을 단단하게 만들어 낸 것이다.

그뿐만 아니라 별개의 문화적 배경을 지닌 사람들의 목소리도 한데 모이면서, 새로운 다양성의 패러다임을 제시했다. 각기 다양한 목소리들은 민주사회 속 공존과 변화를 촉구하는 또 다른 울림이었고 두드림이었다. 세대 간, 계층 간 그리고 지역을 뛰어넘어 함께했던 모든 사람이 문화적 다양성의 존중을 증명한 것이다. 다양성의 가치는 다름을 인정하는 것이 아니라 조화롭게 사회적 책임과 공동체 의식을 되새기는 데 중요한 의미가 있다. 그곳에는 세대 간의 차이도, 지역의 경계도, 신분의 갈라짐도 없었다. 어쩌면 사회적 치유와 성찰의 장이었는지도 모른다. 다름이 아닌 모두가 하나였기에 변화의 가능성을 만들어 냈는지도 모른다.

오래전의 〈아침이슬〉을 노래할 때 등장했던 화염병이 오늘날의 '소원봉'으로 변하기까지 50년이라는 시간이 필요했다. 지난 50여 년의 시간은 성숙한 민주주의를 향한 눈물겨운 땀방울이었으며 무거운 발걸음이었다.

이제는 새로운 시대를 열어가는 시간이다. 국민이 제시하는 올바른 사회, 공명정대한 사회를 만들기 위한 노력이 필요할 때다. "예식장은 용궁예식장 주례는 문어 아저씨, 피아노는 오징어 폐물은 조개껍데기" 이처럼 동심과 사랑이 넘치는 나라, 생각만 해도 웃음이 절로 나오는 대한민국을 상상 해보는 것이다. 중요한 것은 지금부터 변화에 대한 비전을 세우고 철저한 준비와 이에 따른 계획들을 차분하게 실행에 옮기는 것이다. 지금부터 새로운 나라를 다 같이 만들어 보자.

[전남일보, 2025.4.29.]

5.
그때, 보잘것없었지만 아름다운

 벌써 5월이다. 올해는 5월이 보통 때와 조금 다른 느낌이다. 비록 지역에 따라 기온 차이는 있겠지만, 이 시기에는 여름을 준비하는 계절이라 할 수 있다. 여기저기에 꽃들은 만개하고 햇살에 비친 나뭇잎들은 더욱 선명한 색으로 반짝이며, 봄날의 아름다운 풍경을 맘껏 뽐내는 시간이다.
 적당한 기온과 상쾌한 바람은 해맑게 뛰노는 어린아이들의 웃음소리와 뒤섞이고, 가벼운 옷차림의 젊은 청춘들의 발걸음은 담벼락의 붉은 장미꽃과 어우러져 도심의 봄날을 한층 멋스럽게 치장을 한다. 그러나 최근 몇 년간 기후 변화로 인해, 이 아름다운 계절이 극단적 위기에 직면해 있음을 부인할 수 없게 되었다.
 얼마 전까지만 해도, 여러 기관은 5월 기온이 평년보다 약 1.9℃ 높을 수 있다고 전망하며, 일부 지역은 30℃를 오가겠다는 말까지 했었다. 마치 여름이 시작된 듯한 설레발을 친 것이다. 그런데 지금은 감기를 조심해야 할 정도로 조석의 찬 기운은 여전하고, 주말이면 비바람으로 우리의 일상과 생체리듬이 온전치 않다.

이처럼 날씨가 우리의 일상을 위협하듯, 오늘날 한국 사회도 정치적 불확실성과 경제 침체, 구조적 문제가 이곳저곳에서 우리 삶을 위협하고 있다. 정치적 혼란은 민주주의의 근간까지 흔들었고, 그 여파는 고스란히 국민 불안으로 이어지고 있다.

지금 정치인들에게는 민생과 경제는 안중에도 없어 보인다. 그들은 자신들의 안위와 정치적 이득에만 몰두하고 있는 듯하다. 국가와 국민에 대한 책무는 어디론가 이사한 지 오래다. 그러는 사이 한국 실물 경기는 둔화하고, 에너지와 원자재 가격은 상승하면서 인플레이션 우려 등의 불확실성이 더욱 커지고 있다. 또 출산율 저하와 고령화 문제는 복지 예산 부담을 증가시킴과 동시에 세대 간 갈등의 불안요소로 작용하고 있다. 더욱이 SNS와 스마트폰의 지나친 남용은 익명성을 틈타 가짜 뉴스와 사이버 폭력을 양산하며, 사회 전반에 깊은 상처를 남기고 있다.

그뿐 아니라 백년지대계(百年之大計)라 할 수 있는 교육조차 정권이 바뀔 때마다 정책과 제도는 여지없이 뒤바뀐다. 긴 호흡으로 계획되어야 할 교육의 일관성과 지속성이 상

실되면서 학교 현장뿐 아니라 학생과 학부모 모두가 혼란과 불안 속에 내몰리고 있다.

이처럼 미래가 보이지 않는 오늘의 현실은 많은 사람의 생각과 마음을 과거로 회귀시키고 있다. 불확실성이 커질수록 사람들은 과거를 떠올리며 위안을 찾으려 한다. 우리는 종종 "그래도 그때가 참 좋았어."라고 사람 냄새났던 지난 시간, 보잘것없었지만 아름다웠던 시간을 회상하며 아쉬움을 달랠 때가 있다. 이는 그 시절에 대한 후회나 자기반성이라기보다는 지금 삶에서 느끼는 아쉬움의 본능적 발로이다.

1977년 6월 20일 충장로에 화니백화점이 개점한다. 당시 호남지역에서 가장 큰 광주 최초의 백화점이었으나 지금은 사라져 기억하는 사람들에게는 옛 추억이 되었다. 1986년 촬영. [ⓒhttps://namu.wiki]

과거의 기억은 우리의 정체성과 삶의 의미를 형성하는 매개 역할을 한다. 하지만 기억은 개인의 경험과 상황에 따라 사주 재해석되기에, 단순히 과거로 회귀하거나 추억만을 되새김하는 것은 마냥 긍정적인 자세는 아닐 수 있다. 그럼에도 과거를 그리워하는 향수(nostalgia)는 우리의 삶에 깊이를 더하고, 현재를 더욱 의미 있게 살아갈 수 있는 동기를 부여하기도 한다. 그래서 과거는 오래된 시간이 아닌 오늘의 시간이며 내일의 시간이 되는 것이다. 추억은 오늘을 반성하고 이해하는 과정이자 내일을 다시 설계하는 기회의 시간이다.

우리가 100년, 200년 전의 예술이나 문학 작품을 읽고, 보고 듣는 이유도 그것이 단순한 예술이나 미학적 감성의 유희라기보다는 시간과 공간의 조화와 미적 가치 그리고 시대정신을 담고 있기 때문이다. 과거를 기억하고 반추하는 것은, 무엇보다 인간 존재의 본질적 질문에 답을 찾는 과정이라 할 수 있다. 또한, 삶을 더욱 풍성하게 만들어 가는 소중한 자산이다.

비록 AI가 인간의 일들을 대신하고, 온갖 정보를 내어놓고, 기후위기가 생체리듬을 흔들며 우리의 건강을 위협할지라도, 정치적 혼란과 경기 침체로 미래가 보이지 않더라도, 사람 냄새났던 시간, 보잘것없었지만 아름다웠던 시간을 떠올리며 인간미를 되살리는 오늘의 시간을 사유해 보자. 이것이 '과거'가 우리에게 주는 교훈일 것이다.

[전남일보, 2025.5.13.]

6.
작은 실천(實踐)이 만들어 내는 기적

까까머리에 교복을 입던 오래전 이야기다. 반 배정이 끝난 후, 긴장감에 교실은 설렘보다는 두려움과 어색함으로 가득했다. 몇몇 친구들의 호기심 어린 웃음과 재잘거림이 무거운 분위기를 흩뜨렸지만, 교실은 여전히 낯설고 조심스러웠다.

조회가 끝난 후 맞이한 첫 수업 시간, 선생님은 영어 공부를 잘하는 방법을 이야기하시면서 칠판에 큼직하게 '하루에 한 단어'라고 쓰셨다. 매일 영어단어를 하나씩 외우라는 말씀이었고, 그 과정에는 '꾸준한 실천'이 뒤따라야 한다는 점을 몇 번이나 강조하셨다. 그렇게 하다 보면 1년에 365단어, 10년이면 3,650단어를 암기할 수 있다는 것이다. 그때는 무심히 들었지만, 이세 와 돌이켜보면 그 말씀은 선생님 본인 삶의 성찰이었을 것이다. 그리고 그 마음은 지금의 나에게도 유효한 과제로 남았다.

'실천(實踐)'은 세상에서 가장 어렵고도 중요한 일이다. '실(實)'은 참됨을, '천(踐)'은 밟음을 뜻하며, '생각한 것을 실제 행동으

폴리페모스 동굴의 오디세우스. 야곱 요르단스, 1635作.

로 옮기는 것'을 말한다. 아무리 좋은 생각과 계획을 할지라도 실제 행동으로 이어지지 않는다면 그 의미는 사라지고 말 것이다. 우리는 종종 우유부단(優柔不斷)한 태도로 현실과 타협하고, 실천에 따른 결정을 뒤로 미루는 경우가 많이 있다. 그러나 결국 그 망설임은 후회로 바뀐다. 현실을 바꾸는 유일한 길은 결정을 하고 그것을 실천하는 것이다.

그리스·로마 신화나 우화 속에서도, 역경을 딛고 결정을 내린 뒤 실천하여 목표를 이룬 이야기들이 자주 등장한다. 대표적으로 서양 문학의 불후 고전, 호메로스(Homeros)의 『오디세이아』를 예로 들 수 있다. 오디세우스(Odysseus)는 트로이 전쟁 이후 고향으로 귀환하는 과정에서 10년의 여정 동안 수많은 신들의 방해와 예측 불가능한 고난을 겪게 된다. 그럼에도 좌절하지 않고 스스로 운명을 개척하여, 결국 그의 가족과 왕국을 되찾게 된다는 이야기이다. 또한 『토끼와 거북』 이야기도 성실함과 꾸준함의 중요성을 강조한 대표적인 우화일 것이다. 이러한 이야기는 실천이라는 개념이 어떤 강요나 수동적 성격이 아닌 적극적이고 지속적인 노력과 의지, 자기표현의 철학을 담고 있음을 알 수 있다.

현재 대한민국은 제21대 대통령 선거 국면에 접어들었고, 각 후보들은 다양한 공약을 내세워 치열한 경쟁을 벌이고 있다. 어떤 후보는 AI 강국과 K-콘텐츠, 미래 산업의 성장 등을 얘기하고 또, 다른 후보는 전국 5개 광역권 GTX 구축, 정치개혁과 특권 폐지를 약속하고 있다. 이 밖에도 청년 도전 지원, 연금 구조 개혁, 불평등 없는 정의로운 사회 등의 정책들이 난무한다.

그렇지만 '한국매니페스토실천본부' 등 여러 기관이 발표한 과거 대통령들의 공약 실천율을 살펴보면 평균 약 50% 선에도 못 미쳤다. 물론 정당 간의 이해관계나 정치 환경 등 여러 외부 변수도 있겠지만, 국민의 눈높이에서는 여전히 실망스럽고 불편한 수치다.

특히 올해는 5·18 광주민주화운동 45주년이 되는 해이다. 지금까지 5·18의 숭고한 정신을 대한민국 헌법 전문에 명시하려는 시도는 1987년부터 이어졌으나, 번번이 좌절되었다. 위정자들의 입은 매번 거짓말로 끝을 맺었다. 그나마 이번 대선에서는 후보 7

제45주년 5.18민주화운동 기념식 주제 [ⓒ국가보훈부]

명 중 4명이 5·18 민주화운동 정신을 계승하고, 이를 헌법 전문에 명시하겠다고 공약하고 있다.

  하지만 생각이나 말뿐인 약속은 아무 의미가 없다. 실천이 수반되지 않는다면 그 약속은 힘을 잃고, 신들도 말뿐인 인간들을 비웃을 것이다. 신화시대부터 현대까지 실천의 중요성은 변함없이 강조돼왔다. 특히 투표와 같은 시민의 권리는 실천을 통해서만 온전한 그 가치를 지니게 된다. 선거는 단순한 권리를 넘어서 국민의 신성한 의무이며, 나라의 방향을 결정짓는 중요한 실천이다. 매일 영어단어 하나를 외우는 일보다 투표는 훨씬 쉬운 실천일지도 모른다.

  2025년 6월 3일, 제21대 대한민국 대통령 선거는 시민 개개인이 권리와 의무를 실천함으로써, 모두가 함께 살아가는 세상을 만들어 가자는 다짐이다. 이를 통해서 개인과 사회의 긍정적

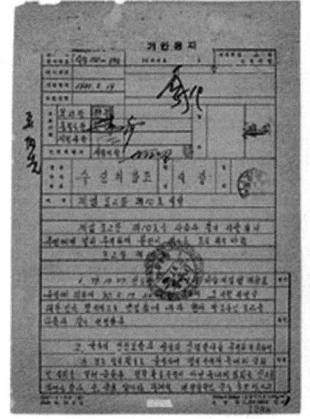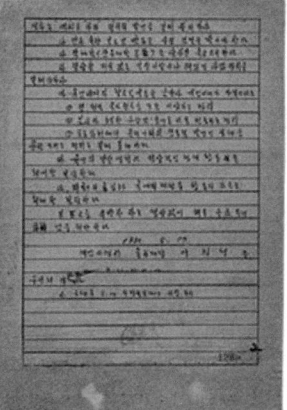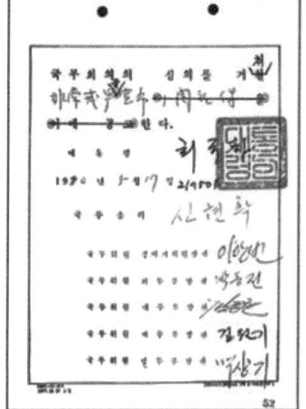

계엄포고문 제10호 시달 [©국가기록원]/ 비상계엄선포(대통령공고 제68호) [©대통령기록관]

인 변화를 이끌어 내는 것이다. 단순한 희망만으로는 절대로 문제가 해결되지 않는다. 희망은 책임 있는 행동 즉, 실천이 동반될 때 비로소 의미가 있는 것이다.

[전남투데이, 2025.5.23.]

7.
세계가 주목하는 K-클래식 음악

 2025년 대한민국의 4월과 5월은 격동의 시간이었다. 펄펄 끓는 용광로보다 더 뜨거웠다. 대통령 탄핵과 조기 대선으로 이어지는 과정은 정치, 경제, 사회 전반에 걸쳐 비정상적인 혼선의 연속이었다. 하지만 이제 새로운 6월, 대한민국은 지금부터 다시 시작한다.
 늘 그렇듯 시작은 맨 끝에서부터 처음으로 돌아온다. 과정에는 여러 서사가 있었지만 지난 시간은 교훈이었고 내일을 향한 처방이었다. 지금부터 잘하면 되는 것이다. 아니 진짜 잘해야 한다. 각자 처지와 상황은 다를지라도 묵묵히 한 걸음씩 전진해 나가면, 분명 긍정의 에너지를 만들어 내는 흔적들을 남길 것이다.
 지난 몇 달간의 급박했던 시간에 가려져서 충분한 사회적 이슈로 드러나지는 않았지만, 또 하나의 새로운 역사의 발자취를 남기는 이들이 있었다. 노벨문학상을 받은 작가 한강(韓江, 1970~)에 이어 지휘자 정명훈(鄭明勳, 1953~)이 이탈리아 밀라노의 '라

라 스칼라 극장 가이드 투어로 무대 뒷면을 안내 받고 있다. [©www.museoscala.org]

스칼라 극장(Teatro alla Scala di Milano)'의 차기 음악감독으로 선임된 것이다. 또한, 성악가 조수미(曺秀美, 1962~)도 프랑스 문화부로부터 문화예술 분야의 탁월한 공로를 인정받아 '코망되르(Commandeur)' 훈장을 수여받았다.

'코망되르'는 프랑스 문화부가 1957년 제정한 가장 높은 등급의 훈장이다. 한국인으로는 2002년 김정옥 한국문화예술진흥원장, 2011년 지휘자 정명훈에 이어 조수미가 세 번째다. 이는 대한민국의 문화와 예술을 국제적으로 드러낸 최고의 성과라 할 수 있겠다.

특히, 정명훈의 음악감독 임명은 '라 스칼라 극장' 247년 역사상 동양인으로는 처음 있는 일이다. 참으로 놀라운 사건이다. 우리가 다 알고 있는 것처럼 이탈리아는 14세기 르네상스 발상지

CHEVALIER   OFFICIER   COMMANDEUR

프랑스 및 세계 문화 예술 발전에 기여한 공로를 인정하여 프랑스 정부에서 수여하는 훈장인 문화예술공로훈장은 꼬망되르(Commandeur), 오피시에(Officier), 슈발리에(Chevalier)의 세 등급으로 나뉜다. [ⓒwww.seine-maritime.gouv.fr/ ⓒ문화체육관광부 한국문화원]

이자 오페라의 출발지라 할 수 있겠다. 그러하기에 '라 스칼라 극장'은 이탈리아 사람들에게 단순한 극장이라기보다는 그들의 자부심이며 예술의 정수(精髓)와 같은 곳이다. 또 어찌 보면 자랑스러운 세계문화유산이기도 하다.

모차르트와 베토벤 시대인 1778년에 개장된 '라 스칼라 극장'은 붉은 카펫, 황금빛 장식 그리고 높다란 샹들리에가 화려함을 더하고, 약 3,000여의 객석을 포함해 자체 교육기관과 박물관도 운영하고 있다. 지금까지 토스카니니(A. Toscanini)를 비롯해 카를로 마리아 줄리니(C. Giulini), 클라우디오 아바도(C. Abbado), 리카르도 무티(R. Muti) 등의 전설적인 인물들이 음악감독으로 활동했었고 조수미를 비롯한 최고의 가수들이 무대에 올랐다.

한국 클래식은 이제 단순한 국내 클래식 음악을 넘어 세계적인 브랜드로 성장하고 있다. 세계 주요 클래식 음악 콩쿠르를 대표하는 '세계국제음악콩쿠르연맹(WFIMC)'에 의하면, 한국 음악가들은 지난 60년간 피아노, 성악, 바이올린, 첼로 등 다양한 부문에서 150개 이상의 상을 거머쥐었다고 한다. 또, 2002년부터 2022년까지 한국인 연주자 가운데 세계 3대 콩쿠르(쇼팽, 퀸 엘리자베스, 차이콥스키)에서 입상한 음악인은 총 33명에 이르며, 이는 국가별 집계에서 세계 2위를 기록하고 있다는 것이다.

그동안 한국의 문화 콘텐츠 산업은 예술과 융·복합되면서 최고의 가치를 형성하고 있고 그 중심에는 K-팝이 강력한 도구로 작용하고 있음을 부인할 수 없다. 하지만 K-클래식 음악도 우리 문화예술의 우수성을 세계 무대에 입증하는 데 최선을 다하고 있다.

다만, 이러한 수고와 결실이 헛되지 않고 지속적인 성장을 하기 위해서는 서울 중심의 엘리트 교육시스템에서 빨리 벗어나야 한다. 지역의 음악 교육 인프라도 개선이 필요하다. 또한, 양질의 일자리를 제공하기 위해 공공기관, 기업, 지역사회가 협력해야 한다. 연주자들의 무대 기회를 확대하고 그들이 경력을 쌓을 수 있도록 아낌없는 지원이 필요할 때다.

끝으로 국제적인 음악 콩쿠르와 페스티벌 유치를 통해 역량을 강화하고 발전하는 계기를 만들어야 한다. 이러한 과제들이 선행된다면, 한국 클래식 음악은 더욱 밝은 미래를 맞이할 수 있을 것이라 믿는다.

[전남일보, 2025.6.11.]

8.
사람 냄새가 나는 우리 공동체

요즘은 각종 언론매체를 통해 접하는 소식에 깜짝 놀랄 때가 많다. 일반적인 가치와 배치되거나 입에 담기조차 힘든 사건·사고들이 마음에 상처를 남기기 때문이다. "이게 정말 사실이야? 말이 되는 얘기야?"라며 주변 사람에게 되묻거나 화가 치밀어 올라 어찌할 바를 모를 때도 있다. 하지만 그것도 잠시, 본인과 직접적인 연관이 없거나 당장 눈앞에 보이지 않으면 우리는 그 일들을 쉽게 잊어버리곤 한다. 누구를 탓할 수도 없는 일이다. 우리는 그렇게 살아가고 있다.

하지만 분명한 사실 하나는, 세상은 결코 혼자 살아갈 수 없다는 것이다. 생존을 위한 최소한의 방어기제로 '우리'라는 공동체가 탄생했듯, 인간은 태생적으로 공동체 안에서 살아가야 한다. 두 사람만 있어도 우리는 '우리'라는 말로 친밀감을 표현하고, 때로는 지구촌 전체를 '우리'로 포괄하기도 한다.

우리라는 1인칭 복수는 공동체의 필요조건이자 기본단위다.

'공동체(community)'라는 말은 14세기 영어권에서 처음 사용되었고, 라틴어 '커뮤니타스(communitas)'에서 유래했다. 이 용어에는 강한 유대감과 연대감, 서로의 이해와 연결됨이 포함되어 있다. 공동체를 이룬다는 것은 개인이 아닌 타인을 먼저 존중하고, 서로의 가치관을 인정하고 배려하는 과정을 통해 가능하다. 공동체는 구성원 간의 노력과 상호 배려로 만들어지며, 그 결과 사람들은 '인간다움'이라는 존재적 가치를 누릴 수 있다.

여기에는 남녀 구분도, 가진 자와 못 가진 자의 경계도 없다. 모두가 한 가정의 소중한 일원이며, 그 자체로 존중과 사랑의 대상이다. 옛 어른들께서는 "내 자식이 귀하면 남의 자식도 귀한 줄 알아야 한다."라고 말씀하셨다. 이는 사랑과 관심이 특정 개인에게만 머무르지 않고, 모든 이에게 공평하게 주어져야 함을 의미한다.

사회 변혁을 도모한 계몽주의 철학자 장 자크 루소(J. J. Rousseau, 1712~1778)는 『사회계약론』에서 "우리는 혼자가 아니며, 정의로운 사회는 공동선을 추구해야 한다."라고 주장했다. 그는 일반의지를 단순한 개념이 아니라 실천이 전제된 것으로 보았으며, 공동의 선이라는 목적 없이는 아무런 의미가 없다고 덧붙였다.

또한, 『정의란 무엇인가?』 등으로 우리에게 잘 알려진 마이클 샌델(M. Sandel, 1953~) 역시 "개인의 권리는 공동체적 책임과 분

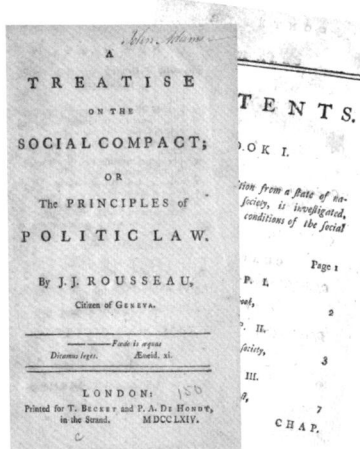

『사회적 협약에 관한 논문 : 또는 정치법의 원칙』 제목 페이지와 차례 일부분. (1764, 보스턴 공립 도서관의 존 아담스 도서관) 장 자크 루소 [©https://archive.org]

리될 수 없으며, 정의로운 사회는 공동선을 추구해야 한다."라고 했다.

그럼에도 불구하고, 오늘날 한국 사회에서는 공동체의 의미가 점점 흐릿해지는 듯하다. 이는 공동체 구성원 간의 신뢰, 협력, 질서, 안전, 정의를 해치는 직접적이거나 간접적인 행동으로 나타나고 있다. 예컨대 공동체 자산을 사적으로 남용하거나 책임을 회피하고 일을 부실하게 처리하는 태도, 타인의 명예를 훼손하는 허위 사실 유포, 언어적·신체적 폭력, 무단 투기 등의 환경 파괴 행위, 음주운전과 같은 사례가 이에 해당한다. 바로 이러한 이유로 우리에게는 공동체의 중요성이 더욱 절실해졌다.

지금은 우리라는 공동체를 가꾸기 위한 간절함이 필요할 때이다. 올바른 교육과 자성으로 스스로를 돌아보는 시간의 간절함이 있어야 한다. 우리라는 공동체는 개인의 삶을 넘어 생존과 직결된 소중한 가치이기 때문이다.

지금부터 우리 공동체라는 이데아(Idea)를 마음에 품어보자.

기본적인 상식과 보편적 가치가 통용되는 사회, 사람이 사람답게 살 수 있는 그곳을 그려보자. 이러한 성숙한 공동체는 나이·직업·성별·출신 등과는 관계없이 평등한 권리와 의무를 지닌 사람들이 모이는 곳이며, 내일의 희망을 꿈꾸는 장소이다.

사람 냄새의 본질은 '더불어 사는 공간'에서 시작한다. 더불어 산다는 것은 혼자가 아니라 모든 사람과 함께 한다는 것이다. 도시는 '대우주 세계'의 일부일 뿐이다. 대우주 세계란 수많은 공동체가 유기적으로 공존하며 상호작용하는 공간이다. 이러한 세계가 이데아(Idea)가 아닌 현실이 되기를, 나로부터 시작해 지역사회로, 나아가 지구촌 전체로 그 정신이 퍼지기를 소망한다.

[전남투데이, 2025.6.12.]

9.
디자인 비엔날레, 광주

우리 광주는 예로부터 예향(藝鄕)이라 불려 왔다. 예술을 아끼고 즐기는 사람이 많고, 훌륭한 예술가들을 많이 배출한 고장이란 뜻이다. 우리는 광주만의 예술적 감성과 문화적 역량으로 오늘의 예향이란 이름의 광주를 만들어 냈다. 그러기에 광주는 창의적인 담론으로 아시아 최고의 문화도시를 지향한다.

문화도시를 주창하는 이유는 단순 눈에 보이는 예술의 형편이나 수량적 규모만을 얘기하는 것이 아니다. 이는 자유, 인권, 평화라는 인류 보편의 가치를 온몸으로 지켜낸 시민들의 자긍심이다. 또한, '우리 모두 함께'라는 대동(大同) 정신이 오늘의 문화도시로, 문화예술의 언어로 계승되고 있는 것이다. 이러한 철학이 우리 광주만의 특정한 색깔을 만들어 내고 있는지도 모른다. 마치 사람의 유전자처럼 말이다.

그래서 오는 8월 30일부터 11월 2일까지 광주 일원에서는 제11회 광주디자인비엔날레가 개최된다. 광주만의 색을 디자인

제11회 광주디자인비엔날레 포스터 디자인 한쌍 [ⓒ광주미술문화연구소]

이라는 포괄적 그릇에 담아, 구체적인 실천의 도구로 확장 시켜 나가는 국제행사이다. 내일이 빛나는 광주의 문화적 배경을 세계 속에 심어가는 현장인 것이다.

'너라는 세계, 디자인은 어떻게 인간을 포용하는가?'라는 제목으로 열리는 올해 광주디자인비엔날레는 본전시를 비롯해 국제심포지엄, 광주지하철디자인 프로젝트 등 여러 전시회가 곳곳에서 펼쳐진다. 디자인을 통해 개인과 사회, 기술과 감성, 차이와 다양성이 만나는 지점을 진지하게 탐색하는 전시회라 할 수 있다. 총 4개 전시관을 중심으로 '포용 디자인(Inclusive Design)'이라는 개념을 시각화했다.

제1 전시관에서는 전 세계에서 디자인을 전공한 학생들이 상호작용이라는 프로젝트를 통해 '세계와 연결된 포용'을 다룬다.

제2 전시관은 우리의 일상, 삶의 공간에서 포용 디자인이 어떤 방식으로 적용되고 실현되는지를 보여주며, 제3 전시관은 이동성 즉 교통과 접근성이라는 현실적인 주제를 통해 포용의 기술적 적용을 탐구한다. 마지막으로 제4 전시관에서는 인공지능과 사물인터넷 등 첨단 기술과의 접목을 통해, 미래 사회에서의 포용 디자인이 앞으로 나아갈 방향을 제시한다. 이렇게 네 개의 전시관은 하나의 메시지를 향해 모이게 되는데, 그것은 '디자인은 소외된 누군가를 위한 것일 때, 진짜 힘을 가진다.'라는 믿음이다.

본디 비엔날레(Biennale)는 이탈리아어로 '2년에 한 번'이라는 의미를 지닌다. 가장 대표적인 원형의 비엔날레는 1895년에 시작한 베니스 비엔날레(Venice Biennale)이다. 이는 미술을 중심으로 한 최대의 국제 전시행사이며, 이후 이 개념은 전 세계로 전파되면서 다양한 분야의 비엔날레로 확장되었다.

광주는 1995년에 처음 비엔날레를 개최하면서 세계적 이목을 끌었었다. 첫해였지만 기대 이상의 성공을 거두면서 문화예술 도

광주비엔날레전시관 [ⓒ(재)광주비엔날레]

시로 자리매김할 수 있었으며, 비엔날레 도시로도 주목을 받게 되었다.

이러한 결과는 광주예술계 전반에 산업과 예술의 융·복합적 필요성이 강조되면서 '디자인 도시, 광주'를 표방하는, 2005년 제1회 광주디자인비엔날레로 이어졌다. 디자인은 보편적인 언어이며 기호이다. 따라서 광주디자인비엔날레는 지역의 삶과 문화를 디자인이라는 매개를 통해 글로벌 담론과 이슈(trend)를 접목하는 쌍방향 교류의 장이라 할 수 있겠다. 즉, 광주의 예술정신이 디자인이라는 실용적인 영역과 만나면서 창의 산업구조를 풍성하게 구축하는 현장으로 발전하게 된 것이다.

이제 광주에서의 디자인은, 사회적, 공동체적 가치를 실현하는 중요한 예술 수단이 되었다. 도시는 끊임없이 질문을 던지고 있다. 우리는 그 질문에 가장 예술적이고 인간적인 언어로 답해야 한다. 그리고 그 답을 찾기 위해서는 광주시민들의 노력이 수반되어야 할 것이다.

광주디자인비엔날레의 주인공은 시민들이기에 적극적인 참여로 함께 응원하고 스스로 주인 됨을 널리 알려야 한다. 그리고 자랑해야 한다. 이 도시가 세계에 내미는 질문과 그 답의 공간이기 때문이다. 2025년 제11회 광주디자인비엔날레는 세계인의 비엔날레가 될 것이라 믿는다. 다같이 노력하자.

[전남일보, 2025.8.11]

생각의 파편 | 정상연 칼럼집

초판 1쇄 인쇄일	2025년 10월 02일
초판 1쇄 발행일	2025년 10월 23일

지 은 이   정상연
만 든 이   이정옥
만 든 곳   평민사
            서울시 은평구 수색로 340 〈202호〉
              전화 : 02) 375-8571   팩스 : 02) 375-8573
              http://blog.naver.com/pyung1976
            이메일   pyung1976@naver.com
등록번호   25100-2015-000102호
   ISBN   978-89-7115-892-0   03800
정   가   14,500원

· 잘못 만들어진 책은 바꾸어 드립니다.
· 이 책은 신저작권법에 의해 보호받는 저작물입니다.
   저자의 서면동의가 없이는 그 내용을 전체 또는 부분적으로 어떤 수단 · 방법으로나
   복제 및 전산 장치에 입력, 유포할 수 없습니다.